Bücher/Schlachten

In Verse gebracht
von Jens Dittmar

Bücher/Schlachten

In Verse gebracht
von Jens Dittmar

 EDITION **KÖNIGSTUHL**

Impressum

© 2024 Edition Königstuhl

Umschlag: Unter Verwendung eines Typoems des Autors
Gestaltung und Satz: Stephan Cuber, diaphan gestaltung, Bern
Korrektorat: Manu Gehriger
Druck und Einband: CPI books GmbH, Ulm

ISBN 978-3-907339-59-6

Printed in Germany

www.editionkoenigstuhl.com

«Entropie ist die Tendenz zu Indifferenz und Chaos. Sie bedeutet Verlust von Ordnung und Konzentration und überführt verfügbare in nicht verfügbare Energie. Für den Menschen oder die Zivilisation kommt Entropie dem Tod gleich.» (JePense.org)

«Denn was ist Schreiben anderes, als die Welt in Ordnung bringen, wenigstens auf dem Papier.» (Gert Hofmann)

Die Weichen werden gestellt

Mein Großvater –
sein Name tut nichts zur Sache –
war Seemann und starb bei einer Havarie
in einer schwimmenden Kleinstadt
mit 2500 Einwohnern. So geschehn im Juli
anno domini 1907 in Bremerhaven.

Die *Kaiser Wilhelm der Zweite*, ein Luxus-Liner
von 215 Metern Länge und 22 Metern Breite,
war regelmäßig auf dem Atlantik unterwegs.
1906 gewann sie sogar das Blaue Band
für die schnellste Atlantikpassage.
Mein Opa war – dem Vernehmen nach – eines
von 660 Besatzungsmitgliedern.

Das für seine prachtvolle Ausstattung
berühmte Schiff lag in Bremerhaven vor Anker,
als es plötzlich Schlagseite bekam
und Wasser durch die Kohlenpforten drang.
Kurz darauf sank es völlig unerwartet.
Mein Opa – dick wie ein Mastkorb –
wurde im Kohlebunker überrascht.
Während einige Männer sich retten konnten,
schaffte er es nicht mehr bis zum Ausgang.

Das tragische Unglück
beschäftigte die Justiz noch jahrelang.

Der Dampfer hatte sich bei niedrigem
Pegelstand mit dem Seitenkiel festgefahrn.
Mit der Flut hob sich der Rumpf und
die Kaiser Wilhelm sackte Backbord ab.
Dadurch wurde alles überschwemmt.
Die erlesenen Möbel, Teppiche, Vorhänge
und kostbaren Gemälde – alles war verdreckt.
Der Schaden konnte Gottlob innert Kürze
behoben werden. Die reiselustigen Passagiere,
die drei Tage später an Bord kamen,
haben nichts von dem Desaster bemerkt.

Ganz anders mein Vater.
Er hatte mehr Glück.
Alle dachten, dass er verschollen sei,
irgendwo im Pazifik ums Leben gekommen.
Bis er 1945 überraschend wieder auftauchte.
Er hatte seit Kriegsbeginn auf Pulau Tinggi,
einer Vulkaninsel vor Malaysia, ausgeharrt.

Mein Vater war bei Madagaskar
mit dem Klipper in einen Wirbelsturm geraten,
der das bauchige Schiff beinah
zum Kentern brachte, weil die
zerfetzten Segel und praktisch alles,

was nicht festgebunden war, davonflog.
Es ging buchstäblich um Leben und Tod.
Als eine Sturzflut die Rettungsboote
zerschmetterte und schiefergraue Wellen
die Besatzung wegzuspülen drohten, schien
das Schicksal der Crew besiegelt zu sein.

Als der Sturmwind endlich nachließ
und das Schiff sich aufrichtete,
war die Gefahr noch lange nicht gebannt.
Sie steckten im Zentrum des Orkans,
der jeden Moment wieder losbrechen konnte.
Es blieb kaum Zeit, sich darauf einzustellen.
Da galt es, zerknickte Masten zu ersetzen,
Segel zu flicken und klar Schiff zu machen.

Schließlich erreichten sie Manakara,
den rettenden Hafen an der Ostküste
von Madagaskar,
der viertgrößten Insel der Welt.
Die Bilanz war niederschmetternd.
Sie hatten zwar keine Toten zu beklagen,
doch der Seelenverkäufer war derart
in Mitleidenschaft gezogen, sodass
es drei Monate dauerte, ihn einigermaßen
wieder flottzumachen. Folglich harrten sie aus,
bis der Krieg zu Ende war.

Nun, meine Liebe, die du dich so um mich bemühst – wofür ich dir unendlich dankbar bin – mach's dir bequem und hör gut zu, was ich sage! Wenn du Fragen hast, dann zögre nicht, sie zu stellen. Du darfst mich jederzeit unterbrechen. Ich will, dass du alles verstehst und deinen Kindern und Enkeln was zu erzählen hast. Mach dir Notizen, wenn's sein muss, und vergiss nicht zu erwähnen, wie sehr ich meine Arbeit geliebt habe.

Ich kam 1932 in Lauffen am Neckar zur Welt.
Damit auch das mal gesagt ist.
Wir wohnten in einem Fachwerkhaus
am Ufer des Flusses, mit einem Garten
voller Enten und Hühner. Im Keller
ein Brunnenloch von 10 Metern Tiefe,
aus dem einst Trinkwasser geschöpft wurde.
Der Brunnen befand sich hinter einem
Bretterverschlag, damit die Sprösslinge
nicht Gefahr liefen, hineinzufallen.
All das ist lange her.

Meine Mutter, diese beherzte Frau,
hab ich nur einmal weinen sehen:
Als das Hochwasser den Inhalt der
Jauchegrube in die Wohnstube drückte.
Da war sie am Ende ihrer Kräfte,
und händeringend saß sie auf der Treppe.

Das kommt davon, wenn man so viel scheißt,
so schimpfte Frau Brückmann vom 2. Stock
und eilte spornstreichs in den Keller,
um ihre Briketts zu zählen, denn
sie war eine misstrauische Person.

Eine schmale Treppe führte in den Garten.
Die Stufen waren alle kaputt,
weil mein Bruder Wotan
ein Bierfass hinuntergerollt hatte.
Zuweilen schwamm Schaum auf dem Neckar,
weiße Häubchen mit braunen Rändern.
Die kamen von der Fabrik in Besigheim.
Dann war Baden streng verboten.
Im Goldfischteich des Nachbarn
soll eine Mutter ihr Kind ertränkt haben.
Im Gartenhäuschen lebte ein Frisör.
Der Kinderhaarschnitt, eine wahre
Topffrisur, kostete fünf Reichsmark,
wenn ich mich recht entsinne.

Als Schüler entbrannte ich für
die semmelblonde Adelheid
und hörte nicht auf, ihr nachzustellen.
Am Ufer des Neckars pfiff
die prächtig Gelockte ihr Lied, worauf sie
mit dem Ruderboot abgeholt wurde.
Wenn ich dieselbe Melodie pfiff,

die ich ihr abgelauscht hatte,
geschah nichts.
Sie sah nicht mal aus dem Fenster.
Und als ich sie küssen wollte,
biss sie mir in die Lippen
und rannte lachend davon.
Damals war ich acht oder neun.

An den Aufmärschen
der Hitlerjugend war ich nie beteiligt.
Entsprechende Aufgebote hab ich stets ignoriert.
Nicht ohne Folgen. Rudolf Müller,
ein Mitglied des Streifendiensts,
drohte mit dem Jugendschutzlager.
Das lag in der Nähe von Göttingen.
Die Ursachen, dorthin zu gelangen,
waren unterschiedlicher Art.
Da meine Mutter, die Schmerzensreiche,
krank war, konnte ich mich meist
aus der Affäre ziehen und
mein Fernbleiben glaubhaft begründen.
So wahr ich Harald Nimrod heiße.

Als der Krieg dann näherrückte,
erhielt mein Bruder Wotan die Weisung,
sich ins Wehrertüchtigungslager
von Merzhausen zu verfügen.
Nach einem denkwürdigen Lehrgang
war er einsatzbereit.

Später ward er kurzerhand in Uniform
gesteckt und an die Ostfront geschickt,
um der Wehrmacht beim Rückzug
zu helfen. Das Ende des 2. Weltkriegs
erlebte er bei Marienburg in Ostpreußen,
60 Kilometer südöstlich von Danzig.

Und später die Flucht! Hals über Kopf!
Unter glühenden Wolken! Von allen Seiten
Granatfeuer von Panzern und Haubitzen.
So schilderte Wotan den Truppenabzug:
Tiefflieger stießen wie Habichte herab,
und jagten uns über die eiskalten Felder.
Ich strauchelte und stürzte in den Graben.
Und stolperte weiter, ohne Helm und
mit nassen Klamotten, bis sich mir
das Schauerbild eines Flüchtlingstrecks bot.
Die meisten Wagen zerstört und umgestürzt ...
Pferde hingen leblos in den Deichseln ...
Und überall die Leichen. Frauen, Kinder
und Greise. Zermalmt, erschossen und zerfetzt.
Sie waren den russischen Panzern im Weg,
die rücksichtslos durch den Elendszug fuhren.

Nach dem Weltkrieg wollt' ich gern studieren.
Hispanistik in Heidelberg oder Berlin.
Ausschlaggebend waren die *Soledades*
des Spaniers Luis de Góngora gewesen.

Da mein Onkel, der begnadete Verleger,
in Mainz am Fischtorplatz wohnte,
hatte er's nicht weit zur Fischerstube.
Dort saß er meist an seinem Stammplatz,
mit Blick auf den Rhein. Für Onkel Viktor galt,
was Alfred Brehm über Fische schrieb:
Von einem regelmäßigen Tagesablauf
kann man bei ihnen nicht sprechen,
obgleich sie zu bestimmten Zeiten
tätig sind und andere der Ruhe widmen.

Als er mich zu sich bat, weil ich in der FAZ
einen Bericht über Góngora publiziert hatte,
ließ ich ihn vier Stunden warten.
Tags zuvor hatte nämlich auf dem Weingut
der Freiherrn Langwerth von Simmern
in Eltville ein Fest stattgefunden.
Verleger und Lektoren und Journalisten
aus ganz Deutschland waren angereist.
Zum Beispiel Hermann Leins aus Stuttgart,
der eine Schriftensammlung auf dem Rücksitz
seines Mercedes spazieren fuhr. Die wollt' er
dem Gutenberg-Museum schenken.

Willi Weismann und Klaus Piper aus München
hatten eine Fahrgemeinschaft gebildet,
während Inge Stahlberg und Rainer Wunderlich
mit Bussen und Bahnen angereist waren,
die eine aus Karlsruhe, der andre aus Tübingen.

Eine Weltreise, schnaubte Wunderlich.
Viermal umsteigen!

Eigentlich wäre auch Henry Goverts
eingeladen gewesen.
Doch der hatte überraschend abgesagt,
weil er nunmehr in Liechtenstein lebte,
wo gewiefte Juristen hinter Mauern wohnen
und der saure Krätzer wächst.
Er hätte noch viel öfter umsteigen müssen.

Ferner kamen Buchhändler, Grafiker,
Übersetzer und Autoren wie Kurt Marek,
der unter dem Namen Ceram einen Bestseller
verfasst hatte. Peter Rühmkorf fand,
dass er gefährlich betrunken war.

Eine Praktikantin aus Hamburg strebte
mit drei Flaschen Riesling zum Rheinufer.
Mit drei Flaschen ging sie daher,
und ich, ich wich nicht mehr von ihrer Seite.
Die Feier wollte kein Ende nehmen.
Meistens lagen wir am Ufer, tranken Wein
und schauten dabei den Schiffen zu.
Am Morgen erwachten wir verkatert
in einem fremden Bett.

Hilde, die später meine Ehefrau wurde,
ist schon lange tot.
Wir hatten auch einen Sohn,
der leider Gottes allzu früh starb.

*Ich weiß nicht, aber um mich herum sterben sie wie die
Fliegen. Wir treten auf die Bühne des Lebens, während das
Stück in vollem Gange ist. Es hält nicht mal kurz an, damit
wir unsre Plätze einnehmen, sondern legt an Tempo noch zu.
Wenn wir abtreten, ist es nicht anders. Indem das Publikum
den Saal verlässt, geht das Stück einfach weiter. Das Büh-
nenbild wird zwar zuweilen um-, aber nie abgebaut oder gar
neu gebaut. Deshalb ist auch die Technik schon weg. Und
keiner ist da, der das Licht löscht und die Türen schließt.
Weil es kein Ende gibt – das ist der Grund.*

Nun zurück zu unserm Sohn, dem Jochen.
Er war ein bisschen behindert ... geistig.
Ein durch und durch argloser Junge.
1962 haben wir ihn ins Kindererholungsheim
nach Borken im Münsterland geschickt.
Dort hat er sich beim Sprung aus dem Fenster
an der Hüfte verletzt. Im Krankenhaus
kam noch eine Lungenentzündung dazu.

Wieso er sprang, blieb ungeklärt.
Vermutlich, um einer Strafe zu entgehn,

denn es handelte sich um das Fenster
des für seine Strenge bekannten Präfekten,
eines antisemitischen Maulhelden,
der sich zuletzt im Keller erhängt hat.

Hilde gab mir die Schuld an Jochens Tod.
Das Erholungsheim, betonte sie,
sei schließlich meine Idee gewesen.
Alsbald sprach sie kein Wort mehr mit mir.
Bis sie irgendwann ihre Koffer packte
und zu ihrer Schwester nach Tijuana zog.
In Baja California wurde sie Opfer eines
Gewaltverbrechens. Man fand ihre
verstümmelte Leiche am Stadtrand.
Sie war in einen Zementsack gewickelt
und zeigte Spuren von Folter.
Der Portier des Motels, in dem sie wohnte,
soll bei der Identifizierung geholfen haben.

Später las ich Berichte über
streunende Hunde in der Gegend,
darunter veritable Mörderbestien.
Da war ich froh, dass sie bloß gefoltert
und verstümmelt wurde, denn das ist
allemal besser, als zerfleischt zu werden.

Laut Juan de Dios Martínez,
dem zuständigen Kommissar,
handelte es sich um ein Drogendelikt,

was jedoch keineswegs erwiesen ist.
Jugendliche, die am Fundort gefeiert hatten,
wollten nämlich in der fraglichen Nacht
ein Liebespaar gesehen haben.
Daher könnte es sich ebenso gut
um einen der vielen in der Grenzregion
unaufgeklärten Morde an Prostituierten
gehandelt haben.

Das Bett, in dem ich mit Hilde erwachte,
stand in einem Landhaus bei Schlangenbad
im Taunus. Schöne Gegend übrigens.

Ich hatte keine Ahnung, wie wir dorthin
gelangt waren, geschweige denn, wie wir
von dort entkommen sollten.
Verständlich, dass ich's nicht eilig hatte.

Kurzum: Ich konnte mein Glück kaum fassen,
obwohl ich alles andre als nüchtern war.

Gegen Mittag fiel mir unser Rendezvous ein.
Bis dahin blieb nicht mehr viel Zeit.
Wir suchten den freundlichen Hausherrn,
der uns Unterschlupf gewährt hatte,
allein, der war längst aufgebrochen,
ohne Nachricht zu hinterlassen.
Ins Kloster Eberbach bei Eltville,
wo er im Klosterladen zu tun hatte.

Daher kam ich erst um 18 Uhr nach Mainz,
wo mein erfindungsreicher Onkel
geduldig auf mich wartete.

Bereits in der Weimarer Republik hatte
Onkel Viktor eine Zeitschrift verlegt,
die 1938 von den Nazis verboten wurde.
Anlass war ein Titelblatt
von Hannah Höch gewesen.
Wohl wissend, dass sie als entartet galt,
hätt' er's eigentlich vermeiden können.

Ganz zufällig war er Zeuge geworden,
wie drei ahnungslose Juden,
die vom Skifahren kamen,
von ein paar gewalttätigen Rabauken
aus dem Zug geworfen wurden.
Das war 1936, in Memmingen im Allgäu.
Die Burschen haben gegrölt und gepöbelt,
weil es keinen Anschluss mehr gab
und sie im Wartesaal übernachten mussten.
Dort hing ein Schild mit der Aufschrift:
Juden (und Hunde) unerwünscht.

Besagtes Erlebnis sollte er nie vergessen.
Mit Fug und Recht kann man behaupten,
dass es ihn geprägt und dazu geführt hat,
dass er aus der Partei ausgetreten ist.
So viel zu diesem leidigen Thema.

Mein Onkel stellte weiterhin Bücher her,
speziell von älteren Autoren und Zeichnern
wie Kubin, Loerke und Zech.
Bis er 1943 an die Westfront musste.
Ende 45, kaum aus Gefangenschaft zurück,
da gründete er den Fischbach Verlag.
Die Auflagen waren gering, sodass
die Papierzuteilung der Alliierten für ihn
gar keine Rolle spielte. Seine Produktion
fiel kaum ins Gewicht.

Der Nachweis demokratischer Gesinnung
war ihm spielend gelungen.
Und irgendwie schaffte er es sogar,
als politisch Verfolgter zu gelten.

Nach einer Bewährungsprobe, während der
ich den Nachlass eines koreanischen Dichters
in München für ihn aufspüren sollte,
wurde ich Mitarbeiter des Fischbach Verlags.
Zugleich konnte ich mich meiner Diss widmen.
Deshalb verbrachte ich die Sommermonate
meist in Cordoba, wo Luis de Góngora
von 1561 bis 1627 gelebt hatte.

Nebenbei sei erwähnt, dass Francisco
de Quevedo den Ketzer am liebsten
auf dem Scheiterhaufen gesehen hätte.

Im Kreis der Kryptologen

Mit Onkel Viktor war ich regelmäßig bei
den sogenannten Kryptologen in Wiesbaden.
Als Emblem diente ihnen eine weiße Maus,
die ein liegendes A hinter sich herschleppt.

Die Treffen fanden meist im ersten Stock
des Hotels Bären in der Altstadt statt,
wo es neuerdings auch einen Fernseher gab,
sodass sie hie und da, wenn Fußballspiele
oder Krimis übertragen wurden,
in die Gaststube ausweichen mussten.

Am Stammtisch des beliebten Badehauses,
vor der Kulisse historischer Stadtansichten,
las der Wirt seinen Gästen Goethe-Briefe vor,
die der Dichterfürst nach seiner Kur 1814/15
an Christiane Vulpius geschrieben hatte.
Und brüstete sich damit, dass er unlängst
mit Heinz Rühmann Kaffee getrunken hatte.

Meist wurde über Bücher von Kollegen
gelästert. Alles glanzvolle Namen des Betriebs.
Vereinzelt kam es auch zu ernsthaften Debatten.
Wie am 15. Juni 1953, meinem 25. Geburtstag.

Ein gewisser Udo Borowski,
ein Witzbold, den sie den Polyglotten nannten,
weil er in vielen Sprachen heimisch war,
stellte dort sein Acht-Punkte-Programm vor,
wonach man Dichter sein könne, ohne je
ein Wort verfasst zu haben.
Das Wiener Vorbild wurde lebhaft diskutiert.
Einer schlug gewitzt 'ne Lichterprozession vor,
mit Lampions und Pipapo durch die Innenstadt.

Beifall fand die Idee bei Martin Schalk,
der so keine Regeln gelten ließ.
Demzufolge hielt er alles für möglich –
nicht zuletzt das Absurde und Groteske.
Mit dem nicht zu leugnenden Nachteil,
dass Schalk – *nomen est omen* –
nur von wenigen verstanden wurde,
weil seine Witze weite Wege
zurücklegen mussten, bevor sie zündeten.
Daher rief sein Wortsalat mehr
Verwirrung als Heiterkeit hervor.

Zwischendurch verließ ich den Bären,
um einen jungen Kollegen zu treffen, der
mit den Kryptokomikern – wie er sie nannte –
nichts zu schaffen haben wollte, und zwar,
weil sie keinen Schuss Pulver wert seien.
So hielt er Herbert Kubis Kleinschreibung

für ein demokratisches Missverständnis,
um nur ein Beispiel von vielen zu nennen.

Da Jörg Schröder, der selbst Verleger war,
mir ein Manuskript überreichen wollte,
hatten wir das Bali als Treffpunkt gewählt.
Es war ein umfangreicher Packen Papier,
unzählige mit Bleistift beschriebene Blätter,
und – um der Wahrheit die Ehre zu geben –
mir graute davor, das alles lesen zu müssen.
Wir tranken ein warmes Bier im Stehn und
vertagten uns auf nächsten Montag
zur gleichen Zeit am gleichen Ort.

Professor Doktor h.c. Radebrecht,
der einzig und allein Fragmente gelten ließ
und aussah wie ein Stück Kernseife,
litt darunter, dass sein Bruder für den Mord
an Bruno Schulz verantwortlich gemacht wurde.
Mit seinen wolkenreichen Arabesken
erzielte er Effekte, die jedem verwehrt blieben,
der sich an die Standardsprache klammert.
Stilistische Glätte, so lehrte er,
sei nichts weiter als eine Strategie,
die es zu durchkreuzen gelte.
Denn je mehr wir um Verständnis ringen,
desto mehr verfangen wir uns im Klischee.

All sein Dichten und Trachten zielte darauf,
die Rhetorik zu bezwingen
und eine natürliche Poesie zu finden,
die den Dingen eignet.
Daher war ihm Notker Balbulus der Stammler
allemal lieber als der brillanteste Redner.
Denn stotternd melde sich die Wahrheit zu Wort.
Daher sei es unsre heil'ge Pflicht,
der Gemeinsprache das Kreuz zu brechen.
Fangen wir bei den Schulmeistern an,
so forderte Radebrecht lauthals.

Evi Lotterberg– zweifellos ein Pseudonym –
stammte aus Hellerau bei Dresden.
Mit ihren Liebesbriefen aus fiktiven Zeichen
hatte sie eine gewisse Berühmtheit erlangt.
Deren Bedeutung war lediglich vorgetäuscht,
daher sie von *Gefälschten Liebesbriefen sprach.*
Das Buch gleichen Titels war wider Erwarten
ein Riesenerfolg.

Da sie, die Kuhäugige,
in eherner Zeit mit Arnold Bode
ein paar Fläschchen Bier verkostet hatte,
hoffte sie inständig, ihre Briefe auf der
1955 geplanten documenta zeigen zu dürfen.

Der Buchstabe, behauptete sie
im Brustton der Überzeugung,

sei mehr als ein zweckmäßiges Zeichen.
Er sei eine kreative Kraft, ein Zauberzeichen,
das den Logos zur Welt bringt.
Um Gott auf die Spur zu kommen, sagte sie,
solle man die Engel vom Himmel herbeizitieren,
denn nur sie kennten die magische Formel,
waren sie es doch, die
dem Schöpfer auf die Finger geschaut,
als er das Alphabet schuf.

Mit schriftlichen Zeichnungen
und gezeichneten Bildern versuchen
seit jeher lebensferne Künstler,
die Grenze zwischen Literatur und Kunst
zu verschieben. Sie bewegen sich über
die Malerei hinaus in den öffentlichen Raum.
Teils verzichten sie sogar darauf,
Inhalte zu skizzieren und ein Medium
durch ein andres zu ersetzen.
Für sie sind alle Zeichen gleich tüchtig,
was ihre Funktion angeht.

Zurück zu unsern Kryptologen:
Unter ihnen gab's Utopisten
wie Antonia Mikulova, oder Heinrich Lorm,
der mit dem Zuckerwattenbart, die
in Cabarets als Digitalisten auftraten.
Mithilfe eines Fingeralphabets, durch Zeigen
auf verschiedene Punkte in der offnen Hand,

trugen sie ihre Botschaft fast so schnell vor,
wie man spricht.

Zum Üben fertigten sie einen Handschuh an,
auf dem die wichtigen Punkte markiert warn.
Dessen ungeachtet dauerte es eine Ewigkeit,
bis das Publikum sich an die Hampelei
gewöhnt und aufgehört hatte zu lachen.

Hatte Radebrecht mit seinen Schriftbildern
sich bisher weit von der Dichtung entfernt,
um alles zu sagen, was er nicht weiß,
so ließ Hajo Vieleck sie endgültig hinter sich.
Seine Botschaft, die bestand aus Objekten,
ein jedes so groß wie ein Scheunentor.

Fürchtet die Wahrheit jenseits der Sprache,
raunte er und erklärte ihr den Krieg.
Seine performative Kunst – begehbare Bücher –
fand abwechselnd in Galerien und Kunsthallen
statt und verschwand danach
sang- und klanglos im Depot.

Die Frage nach dem Abbild der Wirklichkeit
mit sprachlichen Mitteln einte die Kryptologen
(abgesehen davon, dass die Realisten und
Formalisten sich wechselseitig bekriegten).
Schließlich kam es zur Spaltung der Gruppe,

weil Kunst nach Ansicht der Funktionalisten
das Himmelszelt erobern sollte.

Karl Hoffmann, genannt der Himmelsstürmer,
hatte seine politische Mission mit Flugzeugen
ans Firmament geschrieben. Damit wurde er
ziemlich berühmt, sodass ihm Kassel
ein imposantes Denkmal errichten ließ:
Eine 25 Meter lange Stahlröhre,
die sich im 30-Grad-Winkel in die Höhe reckt,
auf der ein Mann – Karl Hoffmann? –
gen Himmel strebt. Eine weibliche Variante
– Hoffmanns Frau? –
ist in Straßburg zu bewundern.

Hoffmann kehrte den Kryptologen den Rücken
und wurde danach vom Berufsverband
der Künstler mit offnen Armen empfangen.

Als Klaus Becker, der mit seinem
Sohn angerückt war, nach Hause wollte,
um an seinem Computerprogramm
für sinnfreie Poesie zu basteln, war Dieter
unauffindbar. Nur der Schmöker, in dem er
gelesen hatte, lag noch auf dem Fensterbrett:
Drei Schwestern und dazu die Mutter
von einem gewissen Pierre Louys.

Ist das vielleicht was für Pennäler?
fragte Onkel Fischbach in die Runde
und schüttelte missbilligend den Kopf.
Wie alt ist der Bursche überhaupt?
Etwa 15, log sein Vater, Dieter sei aber
schon ziemlich vernünftig.
Dabei ahnte er nicht, wie dieser
sich langweilte. Ganz zu schweigen von
den dämlichen Debatten der Kryptologen!
Irgendwie hatte der Junge erkannt,
dass sie ohne Unterlass über ihr berufliches
Selbstverständnis diskutierten,
anstatt mal was Spannendes zu schreiben.

Aus Angst, den Zug zu versäumen,
wurde Becker langsam nervös. Deshalb
machten wir uns schleunigst auf die Suche.
Die Bedienung, die unlängst beim Spiel
eine Scheibe zertrümmert hatte und nicht
wusste, wie sie den Schaden bezahlen sollte,
war dabei wenig hilfreich.

Auf der Toilette war er nicht,
im ersten Stock war er nicht,
und im Thermalbad war er auch nicht.
Vor der Tür vielleicht? Ich stand draußen
und schaute vergnügt nach rechts und links:
Nur vereinzelte Nachtschwärmer waren
um die Zeit noch unterwegs.

Nebenan in der Kneipe brannte noch Licht,
doch kein müder Gast war zu sehen,
nirgends.

Endlich wurde Dieter vor der Spielbank
beim Kurhaus aufgestöbert, wo er –
von der Tochter des Bärenwirts unterstützt,
sein Wesen trieb, wie das üblich ist.
Bisher hatte das Mädel niemand vermisst.
Sein Vater wähnte die Schöne im Bett.
Doch angesichts der späten Stunde
bewegte das keinen, da der letzte Bummelzug
nach Darmstadt längst abgefahren war.
Zum Glück gab's den Bären,
wo Vater und Sohn übernachten konnten.

Doch was das alles kostet!
Und ob der Schlawiner am nächsten Tag
rechtzeitig zur Schule käme?
Becker war aufgewühlt und bat den Wirt,
mal eben telefonieren zu dürfen. Er müsse
dringend seiner Frau Bescheid geben.
Schnell noch einen Schlummertrunk –
und dann ab ins Doppelbett.

Der Junge kann was erleben,
wenn wir zu Hause sind, sagt' er noch,
bevor er seinen Abschied nahm.

Du musst sagen, wenn es dir zu viel wird, hörst du? Erzähl mir lieber was von dir! Was sprichst du für ein fremdes, gestriges Deutsch? Launa-Deutsch, sagst du, eine Sprache, die auf Einwanderer aus Deutschland zurückgeht? Das musst du mir gelegentlich erklären. Schreib alles auf. Oder noch besser: Schreib einen Roman. Du bist eine der Letzten, die Launa-Deutsch beherrscht.

Wie ist es euch ergangen im ehemaligen Königreich Araukanien? Interessiert es dich nicht, wie deine Vorfahren gelebt haben? Ich wette, dass du mich eines Tages bittest, dich nach Chile zu begleiten, um mir zu beweisen, dass Temuco tatsächlich so reizvoll gelegen ist, wie behauptet wird.

Neue Freunde fand ich in Stuttgart,
im Umkreis der Buchhandlung Niedlich.
Wendelin Niedlich war ein radikaler Linker
mit einer Schwäche für Walser und Proust.
Der berühmteste Buchhändler der Nation
glaubte an die Kraft der Poesie,
doch nach 45 musste er sich
als Hilfsarbeiter durchschlagen.

Und während ich darauf brannte,
Verleger oder wenigstens Lektor zu werden,
wäre Niedlich gerne Buchhändler geworden.
Doch es sollte Jahre dauern, bis er
ein Antiquariat in der Innenstadt fand.

Den Charakter eines Antiquariats
hat sein Laden nie ganz abgelegt,
weil Niedlich viel zu bequem war,
vom Remissionsrecht Gebrauch zu machen.
Daher fand man bei ihm nicht selten
vergriffene und auch signierte Titel.

Seine Bestände waren sowohl horizontal
als auch vertikal aufgereiht. Es gab dort
einen Joyce-Turm und ein Walser-Gebirge,
das alles überragte. Ab und zu lehnte er's ab,
einen Titel zu verkaufen, etwa wenn
der Kunde fand, dass Walser überschätzt werde.
Wenn hier jemand überschätzt wird,
soll Niedlich erwidert haben,
dann dieser pädophile Novalis
mit seiner Freizeitphilosophie.

Die zugehörige Galerie im Souterrain
seines vollgestopften Ladens
war ein bekannter Treffpunkt,
ein Ort der Poesie, der bis nach Heidelberg,
München und Wien ausstrahlte.
Dort traf man Freunde und Kollegen
wie Heißenbüttel, Bense und Jandl.
Und Traugott Schneider sowieso,
besser bekannt als Reinhard Döhl.

Meine Lesung bei Niedlich fand 1962 statt.
Mit mir saßen noch zwei auf dem Podest.
Nach dem Konzept des Gastgebers
sollte einer den andern vorstellen.

Als Beleg seiner Ratlosigkeit
trug besagter Traugott Schneider einen Satz
aus meinem Erstling vor und meinte:

Ich begreife das nicht.
Obwohl ich zugeben muss, dass sich der Kollege
bestimmt was gedacht hat dabei.

Schneider hoffte auf Beifall
des spärlich erschienenen Publikums,
darunter der aus Ulm angereiste Gomringer,
der mit Josua Reichert unentwegt
über typografische Poesie tuschelte.
Die fragliche Stelle lautete:

Wenn sich alle Phänomene der Realität
auf ein solches,
das dialektisch sein Gegenteil hervorruft,
reduzieren ließen,
und wenn dieses Gegenteil nicht nur konträr,
sondern auch vom Kontrapunkt abweichend,
also kontradiktorisch wäre,
könnte jede Dichotomie
die Geburt einer neuen Realität sein,

die in ihrer Vertracktheit
mit uns nichts gemein hat.

Ich saß da und weidete mich an Schneiders Not.
Dann blickte ich geschäftig vor mich hin
und rückte mein Handwerkszeug zurecht:
die Lesebrille links,
Füller und Notizbuch rechts,
als sollte alles fotografiert werden,
festgehalten für die Ewigkeit.
Ich raffte ein paar Blätter zusammen
und schob die Tasse beiseite.
Sie durfte nicht mit aufs Bild.
Als ich beide Hände wie zum Gebet erhob,
war das Zifferblatt der Uhr zu sehen,
die ich einst von meinem Vater geerbt hatte.
Niemand sollte je erfahren,
wie wertvoll sie war.

Ein durch und durch romantisches System

Die Idee ist der Gedanke Gottes,
so begann ich meinen Vortrag.
Daran halte ich so lang wie möglich fest.
Für den Moment ist dieses Modell brauchbar.
Mehr verlange ich nicht von einem Modell.
Den lieben Gott lass ich einen guten Mann sein.
Auf IHN komm ich später noch zurück.

Fraglos ist alles *durch* und *für* den Intellekt.
Daher kann nur sein, was der Wahrnehmung
zugänglich ist. Was folgt, ist Kommunikation.
Dazu bedarf es keines Dings an sich.
Das kann ich mir schenken!
Es reicht eine Relation, in der sich alles
manifestiert – irgendwo zwischen
Subjekt und Objekt. Das ist kompliziert genug.

Wir leben in einem Jahrmarkt des Intellekts,
in einer Zauberwelt der Information.
Sie entsteht im Wettkampf von Plus und Minus.
Das ist der springende, der schwingende Punkt,
der Ursprung.
Da die Pole sich flackernd verflüchtigen,
rotieren die Bausteine der Welt in einer Spirale.
Sie verkörpert sozusagen die Unschärfe.

Bei diesem Ringsherum und Dideldum
werden unendlich viele Schritte getan –
ein jeder Quell vieltausend geistiger Welten,
eine pataphysische Entfaltung,
die nach einem erweiterten Modell verlangt:
einer endlosen Spirale in der Spirale,
die sich in schwindelerregende Höhen
und Tiefen schraubt –
in die Welt im Großen und im Kleinen,
Richtung Makro- und Mikrokosmos,
zentrifugal und zentripetal.
Eine infinitesimale Bewegung,
wie bei den liebestollen Kaninchen
des Rechenmeisters Leonardo da Pisa,
auch Fibonacci genannt.

Das ist das Chaos, von dem
im Schöpfungsbericht die Rede ist.

Krieg ist der Vater aller Dinge,
Zweifel die argwöhnische Mutter.
Sie ist die treibende Kraft, die Triebfeder.
Die Wirklichkeit *geschieht,*
und zwar im dialektischen Wechselspiel
von Skepsis und Widerspruch.
Darauf beruht die Glücksgeburt der Welt
aus dem Nichts. Einmal in Bewegung,
wird alles wie von selbst. Gut möglich,
dass daraus zahllose Welten entspringen,

eine neben der andern, ohne dass
zwischen ihnen eine Beziehung besteht.

Subjekt und Objekt sind dynamische Produkte
eines kognitiven, wenn man so will,
sozialen Vorgangs. Oder wie Heinrich
von Ofterdingen zu Mathilde sprach:

Wie du mich tief beschämst!
Bin ich doch nur durch dich, was ich bin.

Sonderbar, dass Wissenschaftler da noch
von Erkenntnis sprechen anstatt von Magie!
Wo die Sprache jegliche Grundlage schafft.
Denn sprechend bringt der Mensch
das Objekt seiner Betrachtung in Form und
verwandelt die Vielfalt des Daseins
in die Welt seiner Vorstellung.

Was wir aussprechen, wird Wirklichkeit.

An die Kalkulierbarkeit der Welt glaubt
gewiss auch Bert A. Rehbock,
der beredte Senator aus Flensburg.

Sprechen heißt demnach entwerfen.
Um diesen stetigen Prozess zu zeigen,
da brauch ich mehr als ein Modell.
Ich brauche zwei, eventuell sogar drei

oder vier: Kreis und Kegel und Zylinder.
Seit undenkbaren Zeiten, also seit 1948,
arbeite ich an einem Modell,
das meiner Ansicht entspricht.
Nicht ohne Erfolg, wie ich betonen möchte!

Während andre Tarotkarten befragen und
sich die Haare raufen dabei,
denk ich über die Idee als Ursprung nach,
den Ursprung allen Seins.

Der göttliche Funke durchläuft
eine Metamorphose, eine Trias
aus These, Antithese, Synthese.
Das ist eine ausgemachte Tatsache,
ein Faktum und Manifest – die Geburt
der Realität aus der Propaganda.
Daher bedarf es keines Arguments,
sondern eines Priesters.

Stets muss dabei mit dem Faktor Zeit
gerechnet werden. Sie ist für
die Unwucht verantwortlich,
bei der nichts bleibt, wie es ist,
nicht einmal die Antipoden.

Das ist noch nicht alles.
Der Aus- und Querschnitt des Modells zeigt:
In der Spirale wirbelt eine zweite;

in der zweiten eine dritte,
in der dritten eine vierte ... und so fort.
Ohne Anfang und Ende, ohne Ursprung und Ziel.
Jede Bewegung wird überlagert –
ein Teufelskreis ohne Sinn und Verstand.

Man versuche, sich das vorzustellen ...
Unmöglich! Irgendwo muss doch die Ewigkeit
einen Anfang haben, denkt man,
irgendwo ein Ende!

Verzeihung, sagte ich. Ich wiederhole mich.
Ich wiederhole mich mein Leben lang.
Vermutlich weil alles, was sich sagen lässt,
schon längst gesagt ist.

Hier geht's um Poesie, müssen Sie wissen,
hier ist die Wortkunst gefragt.
Sie überwindet alle Gegensätze.

Romantische Träumerei, hör ich Sie sagen!
Der Mensch hat kein Organ, um zu erkennen,
wofür Poesie ein Heilmittel sein soll!

Und da, sagte ich,
an der Schwelle vom Mythos zum Logos,
steht endlich ER ... fast wie erwartet,
überlebensgroß:
der Schöpfer, Demiurg oder GOTT.

Vater und Sohn und Heil'ger Geist.
Die Trias will letzlich Einheit sein!

Seit jeher suchen wir den Code zu knacken.
Doch alles, was bisher erreicht wurde,
bleibt ein Rätsel, ein finsteres Wunder,
wie ich es nenne.

Meine Damen und Herren,
ich hab das Rätsel des Lebens gelöst,
das uralte, qualvolle Rätsel der Menschheit.
Oder um mit Wittgenstein zu sprechen:

*Ich bin der Meinung,
die Probleme im Wesentlichen
und endgültig gelöst zu haben.*

Ich hab sozusagen ein System entwickelt,
mit dem ich alle Phänomene dieser
und jeder andern Welt zu deuten weiß.
Die Sache ist nämlich die:
Die regulative Idee Gottes verwandelt
den Logos in Welt und greift
ins Getriebe der Schöpfung ein.

Am Anfang dieses Vorgangs steht Aleph.
Danach plappern die Elementarzeichen.
Adam und Eva mussten sich nur noch

über den Sprachgebrauch einigen.
Was gewiss kein leichtes Unterfangen war!

Der biblische Schöpfungsakt ist
eine Transformation ohne Ende.
Den Vorgang dürfen Sie ruhig
alchemistisch nennen,
und das Verfahren magisch.

Ahnen Sie das göttliche Prinzip?
Ich weiß nicht, ob ich mich deutlich
genug ausgedrückt habe. Ziel ist die Freiheit,
die für alle gleichmaßen gilt.
Man könnte sie auch *gleichgültig* nennen.
Und schon wird klar,
dass wir vom Tod sprechen.

Innehaltend wollte ich die Wirkung
meiner Worte prüfen, und die Hörer taten,
als hätten sie alles begriffen, Wort für Wort.
Dabei hatten sie gar nichts begriffen, weniger
noch als der eingangs zitierte Schneider.

Versuchen Sie, sich das vorzustellen,
so forderte ich das Publikum auf.
Und das Publikum versuchte,
sich das vorzustellen ... Aber es ging nicht.
Es wollte einfach nicht gelingen.

Und Onkel Viktor, dem ich davon erzählte,
nannte Schneider einen kleinen Klugscheißer,
einen Meckerarsch,
der einem mit seinem Gerede
von Realismus und Wissenschaft
ganz schön den Spaß verderben kann.

Es ist nämlich, wie es ist,
und nicht, wie er's findet.

Der Verlag am Bahndamm

Als Verlagssitz und Heimstätte
diente ein altes Bahnwärterhäuschen.
Oben, in einer Art Fachwerkhaus,
befand sich Fischbachs Wohnung.
Von dort gelangte man über einen Steg
in die nachträglich erbaute Werkstatt
mit den Büros beidseits der Freitreppe.
Die Treppe führte direkt auf den Parkplatz.
Da mein Onkel handwerklich sehr begabt war,
hatte er alles in dem baufälligen Anwesen
selbst hergerichtet.

Die ganze Produktion nach dem Krieg
– ich kann's nicht anders sagen –
war weiter nichts als eine große Schlamperei.
Onkel Viktor, im Übrigen kein Kind von Traurigkeit,
hatte einfach Spaß daran,
Bücher zu machen, ganz egal welche.
Wenn er Papier für einen Umschlag brauchte,
kaufte er dreißig Bogen, rollte alles zusammen
– eine anderthalb Meter lange Rolle –
und warf sie auf dem Rückweg von Frankfurt
beim Bahnwärterhaus aus dem Zug.
Dort wartete sein Freund und Geselle,

der alles aufsammeln musste.
Später übernahm meine Tante dieses Amt.

Glaubt man seinen Verlagskollegen,
dann tat er nichts lieber,
als über Bücher zu plaudern,
das heißt immer und jederzeit –
auf Deutsch, Englisch und Französisch.
Die drei Sprachen beherrschte er perfekt,
Spanisch und Italienisch gut genug,
um während der Messe mit Autoren, Kollegen
und Agenten bis in den frühen Morgen
zu feiern: Am Dienstag beim Eröffnungsempfang,
am Mittwoch bei Droemer im Hessischen Hof,
am Donnerstag bei Fischer in Sachsenhausen,
am Freitag bei Rowohlt in der Alten Mühle
und am Samstag bei Goldmann im Depot,
wo der Verleger höchstpersönlich entschied,
wer reindurfte und wer nicht.

Und um neun war Fischbach
trotzdem als Erster am Stand!

Alles, was er für herkömmlich hielt
und pseudokulturell, war ihm zuwider.
Mit schlafwandlerischer Sicherheit machte er
einen weiten Bogen um Schund und Kitsch
und peilte zielgenau alles an, was in
sein anthropozentrisches Weltbild passte.

Begegnungen mit Büchern, sagte er,
kann man nicht dem Zufall überlassen.

Wenn er über Kultur sprach, dann nicht,
um sich mit ihr zu brüsten wie Politiker,
sondern weil sie sein täglich Brot war.
Als geübter Nachtmensch kam er
selten vor zwölf Uhr ins Bett.
Man munkelte, dass er an seiner
Papierdrachologie arbeitete, mit der er
Jean Paul zu übertreffen suchte.
Genau wie der Satiriker aus Wunsiedel
war Fischbach ein großer Papierliebhaber.

Wenn er übernächtigt war,
sah er furchterregend aus.
Dann fuchtelte er mit dem Spazierstock –
eine Sonderanfertigung aus Portugal –,
und wer in seine Nähe kam, riskierte,
von ihm erstochen zu werden.

Zuweilen, ein oder zweimal im Jahr,
zeigte er Besuchern sein Biblioversum.
So nannte er sein Bücherkabinett.
Es waren deren vier.
In einem standen sämtliche Autoren,
mit denen er beruflich zu tun hatte,
insofern die komplette Verlagsproduktion.
Im andern Bildende Kunst und Bibliophilie.

Im nächsten Fachliteratur, Zeitschriften
und Verlagsalmanache.
Und zu guter Letzt Belletristik
vom 19. Jahrhundert bis in die Gegenwart,
Schwerpunkt Literatur von 1910-20.

45

In jeder Kammer gab's ein Stehpult
oder einen Schreibtisch, darunter ein
antiker Zylindersekretär aus Mahagoni,
mit zwei Schubladen für seine Füllfederhalter.
Und jeder Arbeitsplatz verfügte
– nebst diversem Schreibzeug –
über einen Blindband von ausgesuchter Qualität,
den er im Lauf der Zeit und allmählich
mit Notizen und Skizzen füllte.

Eine Schreibmaschine suchte man
freilich vergebens.

Es verhielt sich nämlich so:
Fischbach sammelte Autoren, keine Bücher.
Doch bei vielen scheiterte er,
weil andre einfach besser zahlten.
Doch auch wenn der eine oder andre
nach dem ersten Wurf abwanderte ... die meisten
kehrten früher oder später zu ihm zurück.

Er war ein Zauberer, ein Jünger Gutenbergs,
der seine Freunde, die Literaten,
in die Produktion einbezog.
Unter seiner strengen Ägide wurde
aus einem Roman, aus einer Erzählung,
die woanders keine Chance gehabt hätte,
ein bibliophiles Meisterwerk und
Sammelobjekt von steigendem Wert.

Der Zauberer weilte täglich in der Werkstatt,
während seine Kumpel als Setzer zulangten
und die schwere Handpresse bedienten.
Zuletzt trugen sie die Druckbögen zusammen
und betätigten sich als Buchbinder.
Dafür gab's kein Honorar, sondern Belege.
Da Fischbach sich so den Markt ruinierte,
stand er unentwegt am Abgrund.

Nur die auf Packpapier gedruckten Kalender
mit den Holzschnitten von Grieshaber, Fuchs
und Meckel waren jedes Jahr ein Renner.
Camilla Speth hat davon 500 Stück abgesetzt,
Melusine Huss 200 in Frankfurt.
Beide haben unzählige seiner Bücher vertickt.
Die Lyrik-Anthologien gingen weg wie
geschnitten Brot. Schließlich
wurden 5000 Stück gedruckt, die alle
von Hand verpackt werden mussten.

So viele Bücher auf einmal zu verschicken
war keine Kleinigkeit, denn eine Auslieferung
hatte er nicht. Von Vertretern zu schweigen.

Mein Onkel war für alles zuständig.
Wohin er auch kam, besuchte er Kunden.
In Deutschland, Östreich und der Schweiz.
Obwohl er sich keine Illusionen machte.
Gute Bücher kaufe ohnehin kein Mensch.
Nur Hitler und Erotik, sagte er, gehn immer.
Um im gleichen Atemzug zu versichern:
Ich persönlich brauche kein Geld.
Geld verdienen können andre besser.

Der Verlag bekam täglich körbeweise
unverlangt eingesandte Manuskripte,
von denen höchstens eines pro Jahr
eine Chance hatte, verwirklicht zu werden.
Allerdings nie ohne langwierige Rück- und
Aussprachen mit dem Verfasser.
Ich könnte ein Lied davon singen, was für
Schund auf meinem Schreibtisch landete.
Die Entscheidung, was ein gutes und
was ein schlechtes Manuskript ist, kann
man keinem Praktikanten überlassen.

Im Austausch mit dem Verleger
fasste ich jahraus, jahrein neue Pläne.

So reiste ich von Messe zu Messe,
von Bücherschau zu Bücherschau.
Kaum ein Kongress, kaum eine Tagung,
an der ich ohne triftigen Grund gefehlt hätte.

Eine weitere Quelle sind Agenten
und freie Mitarbeiter. Doch am wichtigsten
ist der Lektor, der eigne Buchideen entwickelt,
für die es gilt, geeignete Leute zu finden.
Das geht nicht ohne Kontakte.
Heutzutage, so denk ich, ist der Lektor
Produktmanager.
Bei ihm laufen alle Fäden zusammen.

Felix Austria

Dank einer Schwester meiner Mutter
hatte ich ein enges Verhältnis zu Österreich.
Tante Trude war eine gefragte Schauspielerin.
Zu ihrer Zeit am Wiener Volkstheater
galt es als das tapferste Theater von Wien.
Mit ihr besuchte ich zahlreiche Premieren.
So auch Hochhuths *Stellvertreter*.
Nach dem Tumult im Parkett, 1964
bei der östreichischen Erstaufführung,
trat der Direktor vor den Vorhang und mahnte,
man möge sich doch fragen, ob man
nicht auch mitschuldig sei, irgendwie.

Gewöhnlich verbrachte ich die Sommerfrische
in Salzburg. Tante Trude und ihre
Schauspielkollegen fuhren meist weiter
nach Henndorf. Dort fühlt' ich mich wohl.
Dabei ist Henndorf heute
kaum noch wiederzuerkennen.
Nichts ist mehr so wie früher, als
die Herren Horváth, Zuckmayer
und Freumbichler dort verkehrten.

Bei meinem letzten Aufenthalt
im Salzburger Land hatte ich Gelegenheit,

ein Fernsehteam des ORF zu begleiten,
das über Zuckmayer berichten sollte.
In dessen Nachbarschaft, in dem Häuschen,
das einst Johannes Freumbichler gehörte,

lebte ein Intendant aus München, der –
in der Absicht, seine Gäste zu beeindrucken –
die alten, im Haus verteilten Bauernmöbel
vorführte, darunter allerhand herrliche,
trefflich mit Horn verzierte Hochzeitstruhen.
Bei andern fehlte das Horn, dafür wucherten
die Ornamente umso farbiger.
Nach allem, was man weiß, waren
die Truhen mit fahrenden Händlern
aus Ungarn an die Salzach gekommen.

Auf dem Rundgang durchs Haus
hielt ich mich weitgehend zurück,
wohl wissend, dass es bloß gemietet war.
Es gehörte einem Freund meiner Tante,
der in Argentinien weilte. Seine fünf Frauen,
die sich eine nach der andern von ihm
getrennt hatten, behandelte er wie Trophäen.
Etwa wenn er Hans Weigel im Café Glockenspiel
oder die schöne Ingeborg im Tomaselli traf.
Seine Frauen waren stets an seiner Seite,
und mischten sich nie und nimmer ein.
Sie hatten nur die Aufgabe, schön zu sein.

Je nun, solange man sie ohne Aufsehn reitet,
lässt sich über Steckenpferde nicht streiten,
da stimme ich Tristram Shandy, dem tapfern,
bedenkenlos zu.

Eines Morgens, kurz nach neun
im Café Demel oder Mozart,
fiel mir ein junger Östreicher auf,
der Gedichte schrieb und in höchster Erregung
von Stockholm schwärmte. Jahre später
traf ich selbigen Dichter im Kranzler in Berlin.
Und ich erkannte ihn im Nu.
Der Poet mit dem struppigen Schnurrbart
sprach also: Ja, ich kann mich entsinnen.
Das war mit dem Sedlmayr und seiner Frau,
der Schlagersängerin, wie mich deucht.
Sie war ein bisschen verknallt in mich.
Ich verdanke ihr den Kontakt zum
Otto Müller Verlag, dessen Chef
kurz zuvor gestorben war.

Als wir im Kaffeehaus an der Strudlhofstiege
in Wien auf H. G. Adler warteten, meinte Doderer,
dass Artmann mitnichten ein Dialektdichter sei.
Doch ich hatte keine Lust
auf spitzfindige Debatten,
sondern bloß ein Ziel vor Augen: dem Autor
von *Theresienstadt* zu begegnen.

Wir warteten wohl eine Stunde lang.
Um die Zeit totzuschlagen,
las Doderer einen Gerichtssaalbericht
aus dem Demokratischen Volksblatt vor.
Da ging's um den Mord an Kathrina Schneider,
der Hüttenwirtin des Statzerhauses
auf dem Hundsstein im Pinzgau.
Ein 19-jähriger Bursche, der sein Opfer
mit zwei gezielten Schüssen
niedergestreckt hatte, versicherte,
dass er nicht die Absicht gehabt hatte,
die alte Frau zu erschießen.
Die Wirtin soll zwischen den Schüssen und
kurz vor ihrem Tod noch zu ihm gesagt haben:

Sind Sie aber gemein!

Denkwürdig war weniger dieser Satz,
sondern der Umstand, dass der Reporter
andauernd den Schäferhund des Opfers nannte.
Dieser Hund, der auf den Namen Sidi hörte,
soll auf den Angreifer losgegangen und dann
weggerannt sein. Ein Pfui-Ruf hatte genügt,
ihn in die Flucht zu schlagen.

Als der Mörder mit seiner Beute –
zusammen 2500 Schilling – talwärts floh,
näherte sich ihm der winselnde Hund
und wich nicht mehr von seiner Seite.

Mit einer unbegreiflichen Zuneigung,
wie der Reporter schrieb.

Und wo blieb Schäferhund? fragte Okopenko.
Was geschah mit ihm?
Das steht nicht dabei, so Doderer weiter:
Ist das nicht kurios?
Zuerst beruhigt er den Hund,
indem er ihn streichelt, dann,
als er angegriffen wird, verscheucht er ihn.
Und nach vollbrachter Tat schließt
der Köter sich dem Mörder an.
Kann es sein, so Doderer,
dass er sich verstellt hat,
um bei nächster Gelegenheit zuzupacken?

Noch während wir den Vorfall diskutierten,
trat H. G. Adler zu uns an den Tisch.
Er war eben aus England eingetroffen
und trug trotz der Kälte Anfang Februar
weder Schal noch Pullover.
Da Ilse Aichinger ihn schon kannte,
übernahm sie es, ihn uns vorzustellen.

Auf den Judenstern am Kragen deutend,
erklärte er:

Dies ist mein Gedächtnisstück.
Meist liegt es griffbereit auf meinem Sekretär.

Aber wissen Sie, die Herrschaften,
heute genau vor dreizehn Jahren
kam ich nach Auschwitz. Als ein SS-Mann
mich schlagen wollte, sagte ich zu ihm:
Moment mal bitte, ich muss doch zuerst
meine Brille abnehmen.

Ich darf hinzufügen,
dass Jeremy Adler viele Jahre später
die Gedichte seines Vaters unter dem Titel
Der Wahrheit verpflichtet herausgegeben hat.
Das geschah auf dem Höhepunkt
der Historikerdebatte. Und wider Erwarten
intressierte sich kein Mensch mehr dafür.

Berliner Luft

Hatte ich erwähnt, dass Gudrun Ensslin
mich um einen Beitrag für ein Buch bat,
das sie mit ihrem Freund machen wollte?
Es sollte *Gegen den Tod* heißen und
Stimmen deutscher Schriftsteller
gegen die Atombombe enthalten.

Ob Gedicht, Erzählung oder Essay, da wir Sie
als Gegner des atomaren Irrsinn kennen,
so schrieb sie, freuen wir uns über jeden Beitrag.
Fischbach habe auch bereits zugestimmt.
Gezeichnet Gudrun Ensslin und
Bernward Vesper, Bad Cannstatt.

Ich rief sogleich meinen Onkel an,
der im Besitz eines ähnlichen Briefes war.
Er hatte darüber auch mit Marcuse gesprochen,
der davon ausging, dass alle Bemühungen
gegen die Bombe für die Katz seien.

Proteste, Reden, Ostermärsche –
alles für die Katz.

Folglich hatte Fischbach lange nachgedacht
und sich dagegen entschieden.

Ich mach da nicht mit, schimpfte er.
Wie können diese Affenschwänze
behaupten, dass ich zugestimmt hätte?
Sowas kann ich gar nicht leiden.
Dauernd soll ich irgendwas unterschreiben.
Als ob ich ihr Komplize wäre.
Dazu hab ich einfach keine Lust.

Der unaufhaltsam näherrückende Termin
und die Einsicht, dass ich nichts
Vernünftiges zustande brächte,
nahm mir die Entscheidung letztlich ab.

Und schon fällt mir ein andres Projekt ein:
eine Streitschrift gegen die Wehrpflicht:

Dienst an der Waffe? – Nein, danke!

Da war alles vertreten,
was Rang und Namen hatte.
Der Jandl trug eine Skizze bei,
die Mayröcker einen eigenhändigen Brief
und Heinz Friedrich,
der Büchermacher aus München,
der später einer der größten
Taschenbuchverleger Europas werden sollte,
einen Versuch über poetische Wirklichkeit.

Mit dem Beitrag war ich alles andre als glücklich.
Die Sprache soll ein Fenster zur Welt sein?
Das fragt' ich mich. Genauso gut ist sie Hammer
und Sichel oder eine Wäscheschleuder:
Was ihr in die Quere kommt,
nimmt sie in die Mangel.

Dank Hans-Peter Willberg, der die Grenzen
des Mediums zu erweitern suchte,
war die Anthologie trotzdem geglückt
und wurde landauf und landab gelobt.
Der Gestalter hatte sie mit lockerer Hand
in ein Juwel der Buchkunst verwandelt.
Jedes Kapitel sah anders aus, jede Seite
folgte einer eignen Dramaturgie.
Meist passte sogar Missliches zusammen.

Die klassische Typografie hatte ausgedient,
eine unerhörte Freiheit machte sich breit.
Als Beitrag zur Verlagsgeschichte und
zur Druckkunst der Sechzigerjahre
wird das Werk heute noch gern zitiert.

Nur leider mussten wir monatelang auf unsre
Belege warten, was vom Stellenwert des Autors
in der Gesellschaft und von der Anmaßung
des selbstgefälligen Herausgebers zeugt.
Sein Name ist mir grad entfallen.
Irgendwas mit B ... Bankert oder Balzapf.

Damit wir uns recht verstehen:
Es gibt Autoren aller Art, denen man
auf der Bühne des Lebens bei Lesungen,
auf Messen, Festivals und Kongressen begegnet.
Ja, «Autorinnen» auch, wenn du drauf bestehst.

Für die zartfühlende Inge Schenkel etwa,
die Tintenmarie mit der Botanisiertrommel,
sind Schmetterlinge ein Quell der Inspiration.
Denn ohne sie könne sie nicht schreiben.
Dass sie jüngst ihren Sechzigsten feiern durfte,
verdanke sie ihren Schmetterlingen.
Ohne ihre fliegenden Blüten wäre sie
längst nicht mehr am Leben.
Denn die Schmetterlinge zwängen sie
täglich an den Schreibtisch.

Da blieb's nicht aus,
dass die Tierchen für allerhand obszöne
Gedichte verantwortlich gemacht wurden.
Radikale Entomologen wollten
gar Anzeige erstatten, weil der Verdacht bestand,
dass die Falter die Gedichte
womöglich allein geschrieben hätten.

Vor Jahr und Tag soll Matze Fasel,
der defekte Präsident des Schnatter-Clubs,
der jedem Federfuchser offensteht,
sogar angefragt haben, ob er

die Schmetterlinge mal ausleihen dürfe,
weil sein Murmeltier ihm den Dienst versagt hat.

Gisela Elsners *Riesenzwerge* waren
die Offenbarung für mich, sodass ich eine
Drehbuchversion davon anfertigen wollte.
Wie gewöhnlich in solchen Fällen,
kam das Drehbuch zwar zustande,
aber nicht der Film.
Ungeachtet dessen hatte der Plan sein Gutes:
Ich war mal wieder so gut wie verliebt.
Warum auch nicht?
Gisela sah umwerfend aus, wie Kleopatra.

Ihr Freund und sie küssten und schlugen sich.
Und das seit ihrer ersten Begegnung:
Gisela war 17, Klaus Röhler 25.
Wenn ihre Eltern nicht dazwischenfunkten,
standen sie sich selbst im Weg.
Ob's mit ihrer Politik zusammenhing
oder nicht, weiß keiner so genau.
Vielleicht war der Altersunterschied schuld.
Oder ihre unvergleichliche Herkunft.
In jedem Fall spielte Alkohol eine Rolle.
Und dergleichen mehr.

In Hamburg trafen sie sich im Star-Club
gelegentlich auch im Grünspan,

wo über Schizophrenie und
Vererbung diskutiert wurde, weil
die letzten Nazis alles für krank erklärten,
was nicht in ihr Weltbild passte.
Fehlgesteuertes inneres Denken
– was immer das sein soll –
war dabei noch die günstigste Diagnose,
die man Gammlern wie ihnen stellte.
Weniger freundlich war der schlaffe,
slawische Charakter, der ihnen nachgesagt
wurde und bei Altvordern Andenken
an den Polenfeldzug wachrief.

Als ich mit ihr verhandelte,
waren sie grad dabei, sich zu trennen.
Später lachte sie darüber,
wie ihre Mutter ihm auf offner Straße
die Handtasche um die Ohren schlug und
wie er mit ihrer Entführung prahlte!
Über den Fall hätten sogar La Nazione
und Il Firenze berichtet.
Dabei war's ein abgekartetes Spiel,
ein Riesenspaß.
In Pisa hatte er sie durch die Küche
einer Osteria ins Freie gelotst,
wo sein roter R4 auf sie wartete.
Mit dem ging's nach Portofino ans Meer.

Nach der Trennung flatterte Gisela
quer durch Deutschland, hin und her.
Von Berlin nach München und von
München nach Wien und zurück.
Sie war ziellos unterwegs, und ich,
nicht faul, nutzte die Gunst der Stunde,
um ihr eine Mitfahrgelegenheit zu bieten.

Die Gisela hat mir den Kopf verdreht.
Trunken vor Glück, genoss ich's,
mit ihr in Antiquariaten zu stöbern,
im Prunksaal der Nationalbibliothek
zu sitzen und Kontakte für sie zu knüpfen.
In Wien, Salzburg und Graz war das
ein Klacks und kinderleicht für mich.

Das klappte vier Wochen lang ganz gut,
bis sie eines Tages spurlos verschwand.

Schon wähnte die Schildkröte,
Flügel zu haben, als der Adler
sie ins Reich der Lüfte trug.
Selbstvergessen
verachtete sie alles unter sich ...
doch kaum fühlt' sie sich
wie ein Stern am Himmel,
warf der Adler sie auf einen Felsen,
wo die Geharnischte zerschellte.

Bevor ich's vergesse, muss ich dringend
von Hertha Fiedler berichten:
Die Hertha kam 1958 nach Westberlin,
um dort ein neues Leben zu beginnen.
Als sie die Kleine Weltlaterne aufmachte,
wurde ihre Kneipe schnell zur Anlaufstelle
für bildende Künstler und Schriftsteller.

Später zog sie eine zweite Weltlaterne auf,
diesmal in Charlottenburg.
Bald gehörte ihr außer der Kneipe
in Kreuzberg auch das Nachbarhaus,
wo Friedrich Schröder Sonnenstern wohnte.
Dem brachte sie täglich was zu essen.
Dabei kam sie auf die Idee,
ihm einen Siebdruckrahmen zu schenken.
Von da an stellte er Siebdrucke her,
von früh bis spät. Und Hertha verkitschte sie
in der Kleinen Weltlaterne.

Schröder war beileibe nicht der Einzige,
der dort seine Bilder zeigte. Attersee,
Baselitz, Rainer, Roth und Spoerri
nutzten die Kneipe als Sprungbrett,
um Fuß zu fassen in Berlin.

Und einmal gab's eine Picasso-Ausstellung
mit dem Vollard-Zyklus bei ihr zu sehen,
wozu auch der Minotaurus gehört.

Picasso hatte sieben Jahre dran gemalt.
Keiner ahnte, woher die Bilder stammten!
Diese Schau wollte die göttliche Thea,
eine Hispanistin, die über Lope
de Vega forschte, keinesfalls
verpassen. Die Lockenprächtige
hatte kupferfarbenes Haar, das
ein Seidenband im Nacken notdürftig
zusammenhielt.

Alle, mit denen sie sprach, jung und alt,
hatten das Gefühl, einzigartig zu sein, denn
Gefühle und falsche Vorstellungen
waren damals so verbreitet wie heute.
Ich weiß auch nicht, weshalb.
Vielleicht, weil sie hausgemacht sind.

Wenn Thea die Kleine Weltlaterne betrat,
wurde es still. Bis sie ihren Platz fand,
geriet jedes Gespräch ins Stocken
und ein jeder hoffte,
dass sie sich zu ihm setzen würde.
Doch keiner wagte es, sie dazu einzuladen.

Und noch was sollst du wissen:
Zu später Stunde, als die Kleine Weltlaterne
aus allen Nähten platzte,
erzählte Thea von ihrem Verlobten,
der mit seinem Porsche tödlich verunglückt war.

Dabei deutete sie an, dass es sich
um einen Anschlag gehandelt habe.
Dann musst du zur Polizei gehen,
riet ich, als ich das vernahm,

doch sie schüttelte den Kopf und wehrte ab.
Die würde sie für verrückt erklären,
so sagte sie, denn sie verdächtigte jemand,
den sie zwar kannte, wie sie zugab,
jedoch ohne seinen Namen zu wissen
oder ihn je erblickt zu haben.
Er hatte ihr zahlreiche Liebesbriefe
geschickt. Ausnahmslos alle ohne Absender.

Umso mehr Grund, die Polizei einzuweihen,
beharrte ich und suchte nach dem
treffenden Begriff für derlei Plagen.
Doch davon wollte Thea nichts wissen,
denn wie hätte sie begründen sollen,
dass sie mit einem Fremden namens Kafka
in regem Briefverkehr stand?

Jahre später erwähnte ein bärtiger Ägypter,
den ich zufällig in Berlin traf und
sich Nikos nannte,
dass Thea sich umgebracht hatte.
Nikos, den Tränen nah, war untröstlich.
Ich sehe ihn noch vor mir
mit seinem graumeliertem Bart.
Kein Mensch, sagte er,

könne es mit einem Geist aufnehmen.
Jetzt wisse er nicht, was aus ihm werden soll.
Er hatte sie nämlich heiraten wollen,
bekannte er.

Obendrein war er auch noch
ins Visier des Verfassungsschutzes
geraten ... ein Opfer der Notstandsgesetze.
Kein Wunder bei seinem Pass,
mit all den Stempeln und
Vermerken auf Arabisch und Hebräisch!

Willy Brandt hat das doch auch! klagte er.
Sogar auf Persisch und Farsi!
Der Außenminister sei sogar
nach Teheran geflogen. Alles wegen
BASF, Daimler, Siemens und Konsorten!
Er könne durchaus verstehen, dass
die Studenten auf die Barrikaden ...

Epochenwechsel

Im Mai 1968 in Paris
geriet ich mitten hinein in die Revolte.
An der Sorbonne, *trunkenes Schiff,*
wehte die schwarze Fahne der Anarchie.
Dort hatten sich über 200 Studenten
um Cohn-Bendit geschart,
der alsbald eine flammende Rede hielt.

Sogleich waren wir von Flics umzingelt
und wurden freundlich,
doch unmissverständlich gebeten,
in der dunkelblauen Camionette
mit den vergitterten Fenstern Platz zu nehmen.
Ein Wagen nach dem andern füllte sich im Nu.
So kam es, dass ich die Nacht mit dem
roten Dany in Haft verbrachte.

Mein Termin bei Miriam Cendrars
war wegen des Zwischenfalls jedoch geplatzt.
Unrasiert wie ich war, suchte ich sie
andern Morgens unangemeldet
in ihrem Redaktionsbüro auf.
Als Mitarbeiterin einer Zeitschrift plante sie
eine Reportage über die deutsche Büchergilde.
Nicht uneigennützig, wie sich herausstellte:

Sie suchte einen Verlag
für die Bücher ihres Vaters.
Einzelne Titel waren bereits
auf Deutsch erschienen,
sodass es sich nur um zwei,
drei Romane handeln konnte.
Madame Thérèse, Moravagine und *Gold*
hielt ich durchwegs für geeignet.
Darüber hinaus liebäugelte ich
mit der *Transsibirischen Eisenbahn*,
obgleich zu befürchten war, dass
Gedichte bei Fischbach keine Gnade fänden.

Miriam hatte in der Rue de Savoie,
unweit von St. Germain-des-Prés,
eine winzige Mansarde mit Blick auf die
wohl hässlichste Kirche von Paris.
Vor lauter Plunder fand man keinen Platz
zum Sitzen, geschweige denn zum Schlafen.
Dort verwahrte sie Koffer und Schachteln,
aus denen sie Handschriften ihres Vaters
hervorzauberte, die sie gern übersetzt und
gedruckt gesehen hätte.

Was glauben Sie, Monsieur, so fing sie an,
ist mein Vater ein mittelmäßiger Künstler,
weil er keine stimmigen Handlungsfäden knüpft?
Sprach's und wedelte mit einem Bündel Papier.
Fehlt es ihm etwa an formaler Kraft?

Oder markiert er das Ende aller Geschichten,
weil er sich ungeniert und voller Hingabe
vor die Handlung schiebt?
Das wollte sie von mir wissen.

Und ich erwiderte prompt: Für mich, sagt' ich,
verkörpert er die perfekte Symbiose
aus alter und neuer Welt.
Die Balance zwischen Poesie und
Reportage gelingt ihm wie keinem zweiten.
Das wag ich dreist zu behaupten.

Auf Ivan Goll angesprochen, gab Miriam zu,
dass er hübsch cendrarisch schreiben kann.
Und Celan, nahm sie den Faden auf und …
geriet ins Stocken. Ich äußerte den Verdacht,
dass er wohl abgekupfert hatte.
Statt Golls Gedichte auf Deutsch zu übertragen,
gab er viele Zeilen als seine eignen aus.
Dazu schwieg sie sich aus und empfahl,
gelegentlich eine seiner Lesungen zu besuchen.
Dem Vernehmen nach würde er demnächst,
vermutlich auf Einladung von Robert Altmann,
in Liechtenstein auftreten.

Zum Abschied schlug sie vor,
uns mit Claire Goll zu verabreden.
Fragen Sie sie doch selbst, empfahl sie,
was von Celans *Todesfuge* zu halten ist.

Wir treffen uns um halb neun im La Coupole.
Seien Sie pünktlich, wenn ich bitten darf.

Ich war pünktlich, wie sich's gehört.
Wer mit einer Stunde Verspätung eintraf,
weil am Boulevard St. Michel mehrere
Fahrzeuge brannten, das war Frau Goll.
Gleichwohl unterhielten wir uns prächtig –
sogar über die umstrittene Plagiatsaffäre.

Frau Goll kannte viele Künstler – Maler,
Schriftsteller, Musiker und dergleichen –
und machte sich einen Spaß daraus,
sie alle, jung und alt, durch
den Wolf zu drehen. Von Breton
bis Zweig bekam jeder sein Fett weg.

Da plötzlich stand ein junger Fant vor ihr,
der sie leidenschaftlich umhalste und
ohne ein Wort zu verlieren, mit sich zog.
Dabei riss er die Tischdecke vom Tisch
und warf mehrere Weingläser um,
sodass der Kellner eingreifen musste.
Claire Goll wurde über und über rot
und nannte ihn zärtlich beim Namen ...
Der Kerl erinnerte mich an ihren Ivan,
von dem ich bloß Fotos kannte.
Er hätte ohne Weiteres ihr Enkel sein können,
dachte ich seinerzeit.

Auf meinen Reisen hatte ich gelernt,
dass die besten Gasthöfe und Hotels
nicht die mit den meisten Sternen sind,
sondern die, in denen
die andern Künstler absteigen.
Denn nirgendwo sonst kann man
beim Frühstück oder abends an der Bar
leichter Kontakt knüpfen.
Das war schon immer so.

Der Gasthof Adler in Vaduz
erfüllte diesbezüglich alle Ansprüche:
Zentral gelegen, verfügte er über ein
geschmackvoll ausstaffiertes Restaurant
und war überdies preislich angemessen.
Nur Celan war nirgends zu sehen.
Dabei hatte der Verleger der Wirtin
zufolge Zimmer sieben für ihn gebucht,
weil die Sieben seine Glückszahl sei.
Er habe seine Reisetasche abgestellt
und sich gleich wieder verabschiedet,
wie Frau Hagen zu berichten wusste.
Doch weder am Abend nach der Lesung
noch am nächsten Morgen ließ er sich blicken.

Das war im August 68. Ich täusche mich nicht.
Kurz darauf schritten die Russen in Prag ein.
Eine halbe Million Soldaten aus Polen,
der DDR und der Sowjetunion sollten

die Ordnung wieder herstellen. Das haben
sie ihrer Meinung nach auch getan.
Und zwar an einem blutigen Dienstag.

Celan stand noch restlos unter dem Eindruck
von Leslie Fiedlers Vortrag in Freiburg.
Seit Wochen war er schlecht gelaunt.
So schien's mir jedenfalls.
Außerdem hatte er kaum geschlafen.
Wegen der Hitze und der Fahrgäste
im Schlafwagen von Paris nach Zürich.
Und auch wegen seiner Gisèle, die ihn
allmählich zur Weißglut brachte.
Er müsste ihr umgehend schreiben,
dass ihm Pop-Stars, Comics, Schauspieler
und Zeichentrickfilme zuwider waren.
Doch in dem Hotel gab's nicht mal einen Tisch.
Bloß ein Bett und einen Bauernschrank
mit einem krummen Haken, an dem man sich
den Kopf stieß, wenn man nicht achtgab.
Nicht zu vergessen das Kreuz an der Wand
und die Bibel im Nachtkasten.

Am liebsten wäre er gleich wieder abgereist,
nach Innsbruck, Klosters oder München.
Obwohl er abends auftreten und lesen sollte.
Hinterher wollte er allein sein, hatte er
zu der Wirtin gesagt. Doch die gab sich Mühe,
ihm den Besuch so schmackhaft wie möglich

zu machen, indem sie ihn am laufenden Band
mit Schnurren ihrer Landsleute bei Laune hielt.

Doch Celan sehnte sich nach Ruhe, die hier
– wie sich herausstellte – nicht zu haben war.
Der Ausflug in die Berge mit dem
verklemmten Pepi Wolf, der in einer Sprache
auf ihn einredete, die er für Hochdeutsch hielt,
fand der Gast aus dem fernen Paris
auch nicht besser als die Gespräche
und strapaziösen Spaziergänge
mit dem zänkischen Heidegger in Todtnauberg.

Die Nazis standen schon in Feldkirch,
dachte er, als Frau Hagen von früher sprach.
Keine fünf Kilometer von hier,
und sie hätten diesen drolligen Dialekt
für ihre Zwecke missbraucht, wie sie das
mit der deutschen Sprache getan haben.

Ich weiß nicht, wie ich sagen soll, aber
in jedem Fall gab's kaum eine Chance,
Paul Celan zu treffen.
Damit musste ich mich abfinden.

Und hinter verschlossnen Türen
verwelkt die blaue Blume der Romantik –
Centaurea cyanus.

An der Hotelbar sitzend, dachte ich bloß:
Wozu so kompliziert? Warum so hermetisch?
Geht die Wahrheit nicht auch ohne Fragmente?
Der Silbenstecher könnt' sich doch auch
um Klarheit bemühn, nicht wahr?
Für private Obsessionen hatte ich nämlich
– damals wie heute – nichts übrig.

Die Frankfurter Krawall-Messe

Bevor ich mich in mein Schneckenhaus verzog,
um Jahresbilanz zu halten, galt es,
die sogenannte Krawall-Messe zu überstehn.
Meine Unterkunft in Wiesbaden war gebucht,
im Bären fand ich alles, was man
nach einem mühsamen Messetag braucht:
Ruhe und gutes Essen in vertrauter Umgebung,
die mich an die Kryptologen denken ließ.
Die Bedienung hatte derweil eine Ausbildung
als Erzieherin gemacht und lebte
im lieblichen Taubertal. Einmal im Jahr
besuchte ich sie in Bad Mergentheim,
um ein wenig mit ihr zu kuscheln.
Mehr wollten wir beide nicht.

Diesmal sollte ich mich um einen Studenten
aus Marbach am Neckar kümmern,
für den ich eine Unterkunft besorgt hatte.
Wir bildeten eine Fahrgemeinschaft
und trafen uns jeweils nach der Messe
im Café Rowohlt im Frankfurter Westend.

Als ich dort auf meinen Zögling wartete
– Mitternacht war längst vorbei –,
setzte sich Ulrike zu mir an den Tisch.

Sie käme soeben aus dem Club Voltaire
und müsste beizeiten nach München.
Ob ich ihr mein Auto leihen könne ...
Nimm doch den Zug, empfahl ich,
doch sie beteuerte, dass ihr auf der Zeil
ihr Portemonnaie geklaut worden war.

Die Ratte braucht Geld, dachte ich.
Wie das zuweilen ist bei Terroristen.
Ich gab ihr, was ich entbehren konnte,
und schon zog sie ab, nicht ohne zuvor
eine Handvoll HB zu schnorren.
Ulrike war ja auch bloß ein Mensch.
Wie es aussah, führt' sie einen Kleinkrieg
gegen alles, was sich bewegt, also
das Leben selbst. Aus Lebensüberdruss!

Seither beschäftigt mich die Frage,
ob wir den Rechten die Linken
oder den Linken die Rechten verdanken.

Seit den Fünfzigerjahren war ich
auf jeder Messe gewesen, nur
so etwas wie 1968 hatte ich noch nie erlebt.
Der Krawall hatte sich
ein Jahr zuvor schon abgezeichnet,
als gegen die Militärdiktatur in Griechenland

und den Springer-Konzern demonstriert wurde.
Dabei kam es zu einigen Festnahmen.

Im folgenden Jahr riefen der SDS und
die APO zum Boykott auf und organisierten
die Gegenbuchmesse im Studentenhaus.
Diesmal sollte Léopold Senghor den
Friedenspreis des deutschen Buchhandels
erhalten, ein Neo-Kolonialist, der sein Land
mit Goethe im Kopf und Maschinengewehr
im Anschlag regierte. Wahrlich ein Skandal!

Morgens um neun schien noch alles
wie früher zu sein, völlig normal.
Die Aussteller nahmen ihre Plätze ein,
da wurde frischer Kaffee für die Gäste
gekocht und geraucht, bevor das Publikum
die Hallen stürmte und es richtig losging
mit Terminen im Halbstundentakt.

Auf einmal war dieser Aufruhr in Halle 6,
Reihe H, Stand 87: Beim Diederichs Verlag
blockierte eine aufgebrachte Menge
den Durchgang und erhob schwere Vorwürfe
gegen Senghors Verleger, was dessen Sohn,
der Standdienst hatte, ziemlich mitnahm,
wo er doch kaum älter war als die Studenten.
In der Halle gab's kein Durchkommen mehr,

sodass sie geschlossen wurde.
Nur Siegfried Unseld wuselte hin und her.

Abends im Theater am Turm, wo eine Lesung
mit Suhrkamp-Autoren stattfand,
stürmten SDS-Funktionäre die Bühne –
darunter K. D. Wolff und Daniel Cohn-Bendit.
Das Bier floss in Strömen, nur Unseld
schäumte vor Wut. Er machte Peymann
dafür verantwortlich, wie mit *seinen* Leuten
umgesprungen wurde. Sorgen Sie dafür,
keifte er, dass dieses Pack den Saal verlässt.

Doch Peymann blieb cool und mahnte:
Bitte nicht diese Töne! Noch hab *ich* hier
das Sagen. Die beiden standen sich
wie zwei Kampfhähne gegenüber,
wie Walther Matthau und George Burns
in den *Sunny Boys*, wobei Peymann
den andern am Halstuch festhielt.
Wie um zu zeigen, wer Herr im Haus ist:
die linken Chaoten oder die Theaterleitung.

Als am Tag darauf der Preis verliehen wurde,
da scharten sich 2000 Demonstranten um die
Paulskirche. Teils waren sie mit Helmen
ausgestattet und hatten nur ein Ziel:
die Preisverleihung zu verhindern.

Ihnen gegenüber standen 800 Polizisten.
300 Demonstranten hielten die Stellung,
die andern blockierten die Straße, auf der
die Ehrengäste erwartet wurden.
Oder sie machten sich an den Sendewagen
des Hessischen Rundfunks zu schaffen,
um die Übertragung der Reden zu stören.
Wieder andre zogen zum Frankfurter Hof,
wo der Preisträger untergebracht war.

Als Dany das Sperrgitter erklomm,
da wurde er niedergeknüppelt.
Prompt formierte sich ein Protestmarsch
zur Messe, sodass sie fürs Publikum
gesperrt wurde. Was wiederum einige Verleger
veranlasst hat, ihren Stand zu räumen
und vorzeitig die Heimreise anzutreten.

Die Krawall-Messe war damit aber
noch längst nicht überstanden.
Es herrschte Krisenstimmung:
Unselds Leute probten den Aufstand.
Laut Günter Eich ging's drunter und drüber.
Der Verleger hatte sich Verstärkung geholt:
Enzensberger und Habermas ergriffen Partei,
sogar Peter Handke war dabei, freilich ohne
großes Interesse an dem Streit zu bekunden.

Endlich empfahl Unseld den Aufständischen,
ihren eignen Verlag zu gründen. Allein,
woher sollten sie so viel Geld nehmen? –
Damit war ihr Schicksal besiegelt:
Die widerspenstigen Lektoren landeten
von heut auf morgen auf der Straße.

Nicht ohne Häme denke ich manchmal
an Fred Marmelstein,
seinerzeit Lektor des Suhrkamp Verlags,
der sich mit zwei Millionen
aus dem Staub gemacht hat. Aus Verdruss,
wie er sagte, weil er festgestellt hatte,
dass sämtliche Honorarabschlüsse
manipuliert waren. Also aus Rache!

Wie dem auch sei: Die Blamage kam uns
grad recht und half uns
in schwerer Zeit über die Runden.

Die Kunst der Unterwerfung

Unlesbar, fand Fischbach, als ich vorschlug,
einen Raubdruck zu publizieren. Das Ding
wiegt 17 Pfund, gab er zu bedenken.
Es ist 33 Zentimeter breit und ganze
44 Zentimeter hoch, fügte er noch hinzu.
So wenig wie das Schulmeisterlein Wutz
sei er ein Nachdrucker, und erst recht
kein verdammter Raubdrucker.

Die Kunst der Unterwerfung, 1970 erschienen,
hatte über 1300 Seiten. Ein Medienereignis!
Alle wollten diesen Schinken haben.
Allein, 300 Mark hinblättern – das tat weh!
Trotzdem war das monströse Ding nach
einigen Monaten ausverkauft.

Ich verteidigte meinen Vorschlag
mit den Worten:
Niklaus Zettel ist der größte Autor
des Jahrhunderts. Der größte Autor!
Die Gruppe 47 kannst du vergessen!
Federfuchser wie Grass und Böll und erst recht
diesen Walser – die kannst du alle vergessen.

Onkel Viktor war andrer Ansicht,
gewöhnte sich aber an den Gedanken,
unter die Raubdrucker zu gehen.

Raubdrucke waren seinerzeit keine Seltenheit.
Mit dem Schlachtruf *Zerschlagt das
bürgerliche Copyright!* rückten linke Brigaden
dem Urheberrecht zu Leibe.
Zuerst wurden Marcuse und Adorno
in einer der vielen Kellerdruckereien kopiert,
sodann Pornografie wie *Die Akte der Barbara*.
In der Szene von München bis Berlin
waren fliegende Händler mit Rucksäcken
voller Raubdrucke ein vertrauter Anblick,
und keiner der Studenten nahm Anstoß daran.

Als mehr und mehr Verlage betroffen waren
und sich zur Wehr setzten, wurde es brenzlig.
Während die einen gerichtlich vorgingen,
fand Suhrkamp einen andern Ausweg:
Er setzte die Preise herab, mit dem Ziel,
den dreisten Raubdruckern Paroli zu bieten.
So geschehen mit Walter Benjamin,
der sich nicht mehr wehren konnte.
Andere setzten die Händler unter Druck
und drohten mit Boykott, falls einer von ihnen
preisgünstige Raubdrucke anbieten sollte.

Ursprünglich sollten es nur 10, 20 Stück
für den engsten Freundeskreis sein.
Dann stellte sich heraus, dass eine Fotokopie
in der Auflage nicht wesentlich billiger wäre.
Man hätte mindestens
50 oder 100 Stück drucken müssen,
um auf einen Schnitt zu kommen.

Allmählich erkannte ich, dass wir erst
bei 1000 Stück in die Gewinnzone kämen.
Als versierter Lektor wusste ich,
dass das Ganze sogar lesbarer würde,
wenn man das Format verkleinert.
Folglich hab ich eine Ausgabe zerschnitten,
Seite für Seite durchgeblättert und
an schadhaften Stellen korrigiert.
Über tausendmal. Die Kopiervorlage
war am Ende besser als das Original.

Plötzlich wollte Fischbach möglichst viele
Leser erreichen. Und ihm wurde klar,
dass ein solches Projekt nicht allein
zu schultern ist. Freunde mussten eingeweiht
und zur Mitarbeit überredet werden.
Folglich wuchs das Risiko, entdeckt zu werden.
Nur, wie hätte man sonst Helfer geworben?
Ohne die Katze aus dem Sack zu lassen?

Als es endlich gelang, einen listigen Vertreter
für unsere Sache zu gewinnen,
verbreitete sich die Nachricht in Windeseile,
dass *Die Kunst der Unterwerfung* demnächst
für 60 Mark zu haben sei.
Und schon stand es in allen Zeitungen.
In der Frankfurter Rundschau wurde sogar
die Bankverbindung mitgeteilt.
Das war der Startschuss, und das Geld floss
in Strömen. Alle waren scharf auf das Werk.
Die Verlockung, sich mit dem Geld
aus dem Staub zu machen, war groß.

Natürlich wurde auch der Verlag
hellhörig, und Niklaus Zettel tobte.
Dabei konnte er sich vor Journalisten
kaum noch retten, so schlimm war das.

Solange es keinen Raubdruck gab,
sah sich der Staatsanwalt außerstande
zu ermitteln. Dabei war absehbar,
dass der Holtzbrinck Konzern das Buch
ebenfalls bestellen würde, um nach
den Urhebern zu fahnden. Da brauchte nur
ein Jurist aus Freiburg oder aus Stuttgart
zu bestellen, und wir waren gewarnt.
Beim geringsten Verdacht wurde das Geld
zurückgewiesen. Wir warn ja nicht blöd.

Mit dem Geld mieteten wir eine Werkstatt
und schafften Maschinen an. Die Handpressen,
mit denen wir bislang rumgespielt hatten,
waren für dieses Projekt ungeeignet.

Daher hatten wir keine andere Wahl:
Maschinen mussten her: eine DIN-A2 Rotaprint,
ein Plattenkopiergerät, eine Repro-Kamera ...
Und natürlich Papier, jede Menge Papier.

Wir würden heute noch drauf sitzen,
wenn wir das nicht durchgezogen hätten.

Beinah hätt' ich versäumt zu erwähnen,
dass der Spiegel eines Tages anrief.
Mir ist unerklärlich, wie die auf mich kamen.
Als ich merkte, dass die Bescheid wussten,
schlug ich vor: Tun Sie mir einen Gefallen
und verschweigen Sie, woher der Raubdruck
stammt. Danach reden wir weiter.
Damit waren sie einverstanden,
und in der Meldung stand kein Wort von Berlin.
Alle Zeitungen, von Kiel bis Konstanz,
verbreiteten die Nachricht.
Keine versäumte darauf hinzuweisen,
dass *Die Kunst der Unterwerfung*
nicht nur handlicher, sondern auch lesbarer
geworden war. Und das für 60 Mark!

Damit war der Beweis erbracht:
Der Originalpreis war eine Unverschämtheit.
Und der Stuttgarter Konzern hatte sich
damit eine goldne Nase verdient, indem er
das Manuskript quasi unverändert
in die Druckerei gab – vom Schreibtisch
des Verfassers direkt in die Dunkelkammer.

Nach zehn Wochen begann die Auslieferung.
1000 Stück mussten so schnell wie möglich
unters Volk gebracht werden.
Da gab Fischbach sich kämpferisch.
Fehlt irgendwas? Fragte er. Was ist denn
geraubt worden, im Sinn von entwendet, was
jetzt nicht mehr da ist? Wem gehören denn
die Gedanken, die ich denke? Keinem!
Sie sind Gemeingut und kosten nichts.
Wer sie besitzt, hat sie auch bloß geliehen,
und keiner kann sie für sich allein
beanspruchen. Wie die Wörter und Sätze,
die überall herumliegen. Sie warten bloß
darauf, dass einer sie aufliest.
Für den Künstler ist alles Material.
Nur das Arrangement entscheidet.
Das Arrangement!

Und Onkel Viktor brüstete sich mit dem
Katz-und-Maus-Spiel mit den Bullen,
die wir locker abserviert hatten.

Eines Abends im Weidemonat Mai,
der Raps stand in voller Blüte,
war ich mit 50 Bänden zu Kunden unterwegs,
als ich in eine Kontrolle geriet. Ich zeigte den
Beamten den Lieferschein mit dem Hinweis:
Dissertation von Nick Bottom,
Freie Universität Berlin, Kaiserswerther Straße,
Germanistische Fakultät, im Tauschverkehr.

Nachdem sie eine Ausgabe geprüft hatten,
kamen sie zu dem Schluss: Ja, in der Tat,
das ist eine wissenschaftliche Arbeit.
Und ich durfte unbehelligt weiterfahrn.

Ein andermal kam ich auf die Idee, den Autor
in Bargfeld bei Lüneburg zu besuchen,
um ihm einen Band zu überreichen.
Ich lauerte am Gartentor, bis er herauskam.
Als ich ihm das gute Stück zeigte,
wollte er zuerst die Polizei holen,
doch dann ließ er sich auf ein Gespräch mit
mir ein, bei dem ich ihn überzeugen konnte,
dass ihm dieser ganze Schnickschnack
vom Heide-Guru und Pop-Star schadete.

Da schimpfte er auf die Hippies,
die Linken und die Subkultur,
die ihn für ihre Zwecke missbrauchten.
Und als er zu lesen begann,

da wurde er kleinlaut. Aber anzuerkennen, dass
der Raubdruck besser war als das Original,
fiel ihm schwer. Guter Raubdruck,
räumte er schließlich ein und verschwand
im Haus, um ihn seiner Frau zu zeigen.

Als die Kripo eines Tages mit zehn Wachtmeistern
unangemeldet vor der Haustür stand,
war ich nicht mal richtig angezogen.
Der Einsatzleiter fragte mit strenger Miene:
Wissen Sie, warum wir hier sind? –
Nein, warum denn? – Wir suchen einen
Druckraub. – Sie meinen wohl
den proletarischen Reprint?
– Genau! Haben Sie den schon mal gesehn?

Das Spielchen gefiel mir. Daher schlug ich vor:
Wenn Sie heute mit mir einen trinken wollen,
zeige ich Ihnen Ihren Druckraub. Sagen wir
um sieben in der Kleinen Weltlaterne? –
Wir suchen aber einen bestimmten Druckraub:
Die Kunst der Unterwerfung. Haben Sie den
gesehen? – Dazu kann ich nichts sagen. –
Dann muss ich Sie bitten, mich zu begleiten
und in die Druckerei zu führen.

Das galt's um jeden Preis zu verhindern.
Ich deutete auf die Begleitmannschaft
und fragte: Mit den Vögeln da? Das ist
geschäftsschädigend. Weil Sie mich
zu Unrecht verdächtigen. Ich bleibe hier. –
Dann müsssen wir die Tür aufbrechen. –
Die Tür kriegen Sie nur mit Sprengstoff auf.
Und dann gibt's Ärger, das ist Ihnen doch
wohl klar? Wissen Sie überhaupt, wem
das Haus gehört? – Nein, wem denn? –
Das werden Sie schon sehen! prophezeite ich,
sardonisch lächelnd.

Das Haus gehörte nämlich einem Bruder
des Oberbürgermeisters, was ich ihm
jedoch vorsorglich verschwieg.
Da hat er wohl gemerkt, dass er sich
Ärger einhandelt, und beschlossen,
seine Leute unverzüglich wegzuschicken.
Danach schritten wir in die Druckerei ...
In 20 Minuten war alles erledigt:
Wir hatten ganze Arbeit geleistet:
Von einem Raubdruck keine Spur,
kein Fetzen Papier weit und breit!

Als wir den Hof betraten,
lungerte dort der Günter Guillaume herum,
den ich fürn feigen Spitzel hielt.
Deshalb riet ich dem Einsatzleiter:

Den da sollten Sie sich mal vorknöpfen! –
Wieso, wer ist denn das? – Das ist
der persönliche Referent des Kanzlers.
Willy Brandts engster Mitarbeiter.
Den sollten Sie sich mal zur Brust nehmen.

Und so geschah es dann auch!

Harald Nimrod greift durch

Wenden wir uns wieder dem Geschäft zu!
Fischbach war pleite und sein Verlag
interessierte ihn nicht mehr. Man munkelte,
dass ich demnächst einsteigen würde.
Ich hätte Sinn für Tradition und wollte das
Geschäft fortführen wie bisher.
Unter der Bedingung, dass er sich zurückzog.
Da war er zutiefst beleidigt und eingeschnappt
und ließ sich nicht mehr bei uns blicken.
Obwohl er noch sein eignes Büro hatte!

Aber, um ehrlich zu sein,
das kümmerte mich kein Haar.
Also entwickelte ich einen Fünfjahresplan,
mit dessen Hilfe ich einen der vorderen Ränge
in der Verlagsszene zu erobern gedachte.
Zuerst schloss ich mit allen Autoren
verbindliche Verträge ab.
Das hatte es noch nie gegeben.
Dann gründete ich die Bibliothek der Moderne,
BdM genannt. Die einheitliche Ausstattung
hatte ich dem Unseld abgeguckt.
Sie stammte von Alfred Dunkel, der bereits
für Klingspor Schriften geschnitten
und für den Belser Verlag gearbeitet hatte.

Im nächsten Schritt legte ich alle bislang
gedruckten Titel wieder auf –
natürlich ohne die Kalender und Jahrbücher.
Als nächstes durchkämmte ich ältere
Jahrgänge des VLBs nach vergriffenen
Titeln und versprach den Verfassern
Neuauflagen ihrer Bücher in der Bibliothek
der Moderne. Dass sich darunter auch
der eine und andre Büchner-Preisträger befand,
wertete die Reihe schlagartig auf.

Schließlich peilte ich die Weltliteratur an:
zuerst alle Nobelpreisträger
– von Neruda bis Saint-John Perse –,
dann alle Gewinner des Goncourt-,
Cervantes- und Mondadori-Preises.
Die einheitliche Grundfarbe verwies auf
die Nationalliteratur – mit dicken, farbigen
Balken für die literarische Gattung:
Gelb stand für Prosa, Rot für Drama
und Blau für Lyrik.

Bei der Arbeit kamen mir meine Kontakte
zum 1951 gegründeten Kulturkreis
der deutschen Wirtschaft zugute.

Bis ich sämtliche Nationen durchhatte,
währte es Jahre, aber das Resultat
konnte sich insgesamt sehen lassen.

Ich darf wohl ohne Übertreibung sagen:
An der Bibliothek der Moderne
kam keiner vorbei – weder Autor noch Leser.
Mit dem Nachteil, dass die Buchhändler
über kurz oder lang den Durchblick verloren.

Um die Rolle des Verlags weiter zu stärken,
verbrachte ich die Abende nutzbringend
im Frankfurter oder Hessischen Hof
oder beim jährlichen Kritikerempfang.
Dort in Gesellschaft von Aufsichtsräten,
Verlagsleitern und Literaturtreibenden
wurden die jüngsten Trends diskutiert.
Dabei ging's vorzüglich um die Frage,
wie man Fantasy, New Age und Esoterik
am besten vermarktet.

Öko-Szene, Bio-Welle, Science-Fiction –
alles hatte in der Bibliothek der Moderne
Platz, sofern es Gewinn versprach.
So hinkten wir stets dem Zeitgeist hinterher.
Deshalb ist die Reihe trotz ihres Namens
heute noch eine Feste des Konservatismus,
ein liebenswerter Anachronismus und
ein klassisches Monument der Trägheit.

Für gewöhnlich lungerte Fischbach
am Messestand seiner Freunde herum.
Mit diesen Chaoten, Phantasten
und Anarchisten kippte er tapfer
ein Bier nach dem andern und rauchte
unendlich viel Stuyvesant.

Dass ich mich langweile, sinnierte er,
beweist hinlänglich, dass das Leben
an und für sich wertlos ist. Mein Bedürfnis,
dem Ganzen ein Ende zu setzen,
ist groß. Was mich am Leben erhält,
ist – wie gesagt – der Wunsch,
mich begreiflich zu machen.
Doch ich fürchte, jetzt ist's zu spät.
Ich bin am Ende meiner Reise.
Oder jedenfalls unmittelbar davor.

Und auf den Zug ins Jenseits wartend,
nuschelte er: Hoffentlich gefällt's mir dort.
Vielleicht lern ich ein paar nette Leute kennen.
Sprach's und bat um eine Stuyvesant.

Meinetwegen, dachte ich mitleidlos.
So lange du dich nicht von der Stelle rührst
und mich in Ruhe arbeiten lässt!

Einmal nahm ein junger Verleger
an seiner Seite Platz, der sich als Kryptologe

der zweiten Generation erwies. Sein ganzes
Programm bestand aus einer einzigen Schrift,
einem Buchstabengewitter mit dem Titel
Ein Mäerchn von Jcoab und Wlhilem Gimrm.
Ewald Katzengraben machte sich den Umstand
zunutze, dass Wörter immer noch lesbar sind,
wenn alle Buchstaben – außer dem ersten
und letzten – willkürlich vertauscht werden.

Dieses *Mäerchn* war der Renner.
Obwohl Direktverkauf auf der Messe
eigentlich verboten war, hat der Verleger
in der Woche über die Hälfte seiner Auflage,
etwa 100 Stück, unters Volk gebracht.

Ebenfalls reißenden Absatz
fanden die Plakate von Klaus Staeck
am Stand schräg gegenüber.

Deutsche Arbeiter!
Die SPD will euch eure Villen im Tessin
wegnehmen!

Das kam an bei den Leuten,
und Klaus war tüchtig dabei,
all seine Kunstwerke zu signieren und
für fünf Mark das Stück zu verschleudern.
Dutzende Besucher, Schüler und Studenten

mit Stofftaschen vom Typ Jute statt Plastik,
bedrängten ihn, um seine Fotomontagen
zu ergattern.

Dazu lief ständig diese grässliche Musik,
übertönt vom Geschrei des Verlegers:

Nur heute – die schärfsten Plakate
zum Klassenkampf! Die schärfsten Plakate
zum Klassenkampf!

Wir fragten uns noch,
wieso sich niemand beschwerte.
Das wäre naheliegend gewesen!
Andrerseits hätte am nächsten Tag in
der Frankfurter Rundschau gestanden:
Sanktionen gegen demokratischen Verleger! –
Das hätte diesem Salonsozialisten
so passen können.

Wie dem auch sei: Am Messesonntag
war Staeck außer Rand und Band:
Er wollte unbedingt sein Lager räumen,
um sich den Rücktransport zu sparen.
Zuletzt hat er sogar die Standdeko verkauft
und die Plakate zerfetzt, damit keines
seiner Werke in falsche Hände geriet.

Später, bei der Hektik um 18 Uhr,
konnten wir erkennen, wie die Kasse
mit dem Tageseinnahmen langsam
unter einem Berg Altpapier verschwand.
Niemand außer uns hatte es bemerkt –
alle waren mit ihren Sackkarren beschäftigt.
Als der Verleger mit seinen Helfern
zum Parkhaus eilte,
da schnappte Fischbach die schamlose Kasse
und verschwand eilends um die Ecke.
Dort am Stand seines alten Freundes
Haselstein wartete dessen Frau darauf,
abgeholt zu werden. Haselstein war nämlich
längst heimgefahren, weil er vor Kurzem
erst operiert worden war.

Hier, Hulda, sagte Fischbach und drückte ihr
die Kasse in die Hand. Das ham wir für euch
gesammelt. So 'ne Herz-Operation kostet doch
'ne Menge Geld.

Die arme Frau, als sie das hörte,
weinte vor Glück
und fiel ihm um den Hals.
Zum Dank schenkte sie ihm einen Stapel Bücher,
darunter *Die Ohrfeige und Sonstiges*
von Robert Walser mit den Illustrationen
von Imre Reiner, sowie eine signierte Edition
der *Frühen Schriften und typischen Scheiße*

von Dieter Roth. Ausgewählt von Ossi Wiener,
dem Autor des bahnbrechenden Romans
über die *Verbesserung von Mitteleuropa*.

Als Staeck mit der Sackkarre zurückkam und
den Stand leer fand, vermisste er seine Kasse.
Nach einer halben Stunde erregter Suche
verfiel er auf den Gedanken, dass sie
mit dem Altpapier entsorgt worden war.
Schon setzte er wie ein Weltmeister, nein,
wie ein Kameltreiber, hinter der Putzfrau her,
trat die Kojenwand mutwillig mit Füßen
und raufte sich die Haare. Die Kasse
war weg, spurlos verschwunden, wie
vom Erdboden verschluckt.
Du hättest sein dummes Gesicht sehen sollen!

Die Halle leerte sich, und als das
Sicherheitspersonal seine Runden drehte,
da stauchte er seine Mitarbeiter zusammen.
Es war einfach nicht zu fassen:
Der ganze Tagesverdienst!
Mindestens 2000 Mark! Alles weg!

Während seiner Kur im Allgäu
– mit Buchinger-Fasten und Schrotkur –
wollte Fischbach partout nichts mehr essen.
Zu allem, was man ihm hinstellte, maulte er:

Das stinkt nach Scheiße. Was sag ich da?
Hier stinkt alles nach Scheiße.

Da hatte Professor Mikesch die Idee,
Oskar Miller, einen begnadeten Koch und
Quartalsäufer aus Berlin, zu engagieren.
Oskar, ein Liebhaber starker Getränke,
logierte im Gasthaus Engel in Isny und trank
zum Frühstück 'nen dreifachen Korn.
Dann zeigte er sein strahlendes Pferdegebiss
und legte wohlgemut los.
Am Schluss kamen vier Buletten dabei raus.
Und die sollte mein Onkel essen.

Am nächsten Morgen zischelte er mir zu:
Mal ehrlich, Harald: Was der Oskar da kocht,
schmeckt doch auch nach Scheiße.
Als der Professor davon erfuhr, meinte er –
ich zitiere: Wie könnt' es anders sein?!
Sind Sie mal näher an ihn herangetreten?
Schnuppern Sie mal an ihm! –
Der ganze Mann stinkt nach Scheiße.
Das liegt an den Medikamenten.

Eine Woche später war der Patient tot.

Die zweite Kultur

Ich dachte nach, was Millionen vor mir auch schon getan hatten, und kam zu dem Schluss: Erzählungen interessieren mich nicht; dafür ist das Fernsehen zuständig. Ich sehe meine Aufgabe nicht darin, Funkredakteuren und Drehbuchautoren Stoff für ihren Zeitvertreib zu liefern. Das überlasse ich dem Fernseh-Pitaval von Schirach und der Bild-Zeitung.

Da ich meist im Süden der Republik und
in Österreich unterwegs war,
wählte ich München als neuen Verlagssitz.
Auf meinen nächtlichen Streifzügen
durch den Englischen Garten
gedachte ich des verstorbenen Onkels,
der zeitlebens von einer Alternativmesse
geträumt hatte. Keine Pfingstmesse wie 1963
in Frankfurt, sondern eine Alternativmesse
für Kleinverleger, Minpressen und Buchkünstler.
Diese Leute produzieren erlesene Titel – meist
unter Ausschluss der Öffentlichkeit.
Da musst du den Hebel ansetzen,
so sprach er oft zu mir.

Im Hof des Deutschen Museums
beschloss ich, seine Idee in die Tat umzusetzen.

Dort war Platz für ein Zelt oder zwei,
und für die Infrastruktur bot sich's Museum an.
Das Hofbräuhaus am Wiener Platz
kam ebenso in Frage.
Der Festsaal mit den Nebenräumen
schien wie geschaffen für meine Zwecke.

Das war die Geburtsstunde von KOLIBRI,
dem Barsortiment für Kleinverleger
und Buchkünstler. Dazu gehörte
ein Informationsdienst für Händler,
Sammler und Bibliotheken mit Terminen,
Rezensionen und aktuellen Berichten
aus der alternativen Verlagsszene.

Danach sollte der Vertrieb aufgebaut werden.
Zuletzt wollte ich den *Münchner Bücherbazar*
ins Leben rufen, eine Alternativ-Messe,
die mithilfe eines jährlich zu vergebenden
Verlegerpreises für breites Interesse sorgen
und allen zur Ehre gereichen sollte –
in erster Linie mir und meinem Barsortiment.
Der Gewinner des Fischbach-Preises
würde daher kein Geld, sondern
einen gläsernen Fisch erhalten, einen Wittling!

Die Jury bestand aus einem Lektor
von Goldmann (sein Name ist mir entfallen),
einem Grafiker von C. H. Beck sowie

einem Germanisten, der eine Biographie
über Helmut Kohl in Arbeit hatte.
Präsident sollte Reinhard Wittmann werden,
unbestritten der bedeutendste
Buchwissenschaftler der Nation.
Eine Koryphäe auf seinem Gebiet.

Direktor war ich selbst, versteht sich.
Ich mietete ein Büro in Haidhausen
und engagierte eine Studentin als Assistentin.
Naomi kannte weder Gesetz noch Vorschrift.
Im Umgang mit Bildern und Zeichen war sie
wohltuend naiv. Ihr Genie war grenzenlos!
Sie wirbelte alles durcheinander und
traf den Zeitgeist meist auf den Kopf!

Demnächst erzähl ich mehr von ihr,
zum Beispiel wie sie Ensor verehrte,
den Belgier mit den Maskenbildern.

Ich verschickte eine Einladung an all jene,
die da mehr oder minder unbemerkt
vor sich hinwursteln und Bücher basteln.
Sie sollten sich umgehend melden, um
beim Münchner Bücherbazar dabei zu sein.

Der erste Anrufer hielt mir einen Vortrag
über freiheitlichen Sozialismus, der zweite

teilte mir mit, dass er Selfpublisher sei
und seine eignen Gedichte verlege.
Der Verfasser, so klagte er, sei auf Gedeih
und Verderb den Kritikern ausgeliefert.
Ohne Blasmusikbegleitung gehe gar nichts.
Doch alle stießen sie ins gleiche Horn.
Da müsse nur einer den Ton angeben.

Ich empfahl ihm, sich als HIV-kranker Stricher
aus Montenegro auszugeben, der nach einer
missglückten Geschlechtsumwandlung
unter Zigeunern im Hasenbergl lebt.
Denn nichts mögen Journalisten lieber
als wahre Horror-Geschichten,
based on a true story.

Der Dritte, der sich meldete,
war der Hausmann-Verlag aus Heidelberg.
Allein der Name ist eine Zumutung,
dachte ich und las meiner Mitarbeiterin,
die bei Mail-Order-Kaiser gelernt hatte,
den Brief vor: Ich bin Hausmann und
versorge den Haushalt mit zwei
kleinen Kindern. Heinz ist vier,
Adele zwei. Mein Verlag versteht sich
als Teil der linken Gegenöffentlichkeit,
die Themen sind Friedensarbeit,
Antifaschismus und Umweltschutz.

Adolf Schlatter, mit einem Ziegenbärtchen
wie Flado Vranitzky, war der Vierte im Bunde.
Er tauchte unangemeldet auf, knallte mir
ein Taschenbuch auf den Tisch und sprach:
Ich kämpfe gegen die Schmarotzer,
für die Bücher nichts weiter als Waren sind.
Dann schob er 1000 Mark über den Tisch,
sodass mir nichts übrigblieb,
als ihm das Anmeldeformular zu reichen,
das zugleich als Vertrag galt.
Die 1000 Mark hatten mich überzeugt.
Allein, auf die Platzierung sollten sie
keinen Einfluss haben. Dabei ließ ich mir
nicht in die Karten schauen.

Und was ist mit Esoterik? Mit östlicher Weisheit
und Hermes Trismegistos? –
Naomi kannte sich aus damit. Sie hatte sogar
schon Castaneda und den Papalagi gelesen.
Reiki war ihr gleichfalls vertraut.
Ferner machte sie sich für Biermann stark,
dessen Ausweisung erst ein Jahr zurücklag.
Das könne man nicht einfach ignorieren,
das geht doch nicht, meinte sie.

Ich persönlich hätte am liebsten
nur Bücher gezeigt, die man
im Buchhandel nirgendwo findet,
kostbare Zimelien, bibliophile Kunstwerke

und illustrierte Malerbücher
in limitierter Auflage. Zum Beispiel
100 Broschüren im Silberkarton,
Blatt für Blatt vom Künstler bearbeitet.
Oder Schwarzdruck auf schwarzem Papier,
mit einer glasklaren Spiralbindung
und einer Silbercollage als Schuber.

Mehrere zur Verfügung stehende Festsäle
verlangten nach einem Mindestmaß
an Systematik. Daher galt's, die Aussteller
nach bestimmten Kriterien zu verteilen:
Anarchisten, Sozialisten und Linke zusammen,
Feministen, Schwule und Lesben gegenüber,
daneben Atomgegner und Grüne.

In einer Sonderabteilung zeigten wir alles,
was Fischbach vor 1968 verlegt hatte.
Dazu gab's einen schönen Katalog
mit einer Bibliografie und seltenen Titeln
wie *Footnotes on Football*
und *Reden vor dem Denken* aus
der Feder einer gewissen Mina Schirmherr.

Benno Käsmayr aus Augsburg
– der mit den sprichwörtlich guten Büchern –
sollte den Katalog drucken.
Darauf einigten wir uns in Schwabing.
Benno hatte bereits mit Achternbusch

zu tun gehabt, als er noch unbekannt war.
1969 schlug seine Stunde – das war
in der Schwarzen Katz in Frankfurt.
Als Bukowski dazukam, ging's richtig los.
Da klopften Fischer, Rowohlt und Co. bei ihm an,
und es folgten Burroughs, Kerouac,
Fante und Bowles.

Meiner Meinung nach
war die Jelinek eher zufällig dabei.
Zur Premiere ihrer *Stützen der Gesellschaft*
war sie nach München gereist, um sich
den Fragen des Rundfunks zu stellen.
Um Mitternacht wurden wir im Augustiner
vor die Tür gesetzt.

Vor die Tür gesetzt, sag ich ...
Danach ging's in Harry's New York Bar,
wo wir Christoph Derschau aufspürten.
Schließlich im Domicile an der Leopoldstraße,
fielen wir über die Bar her und jeder von uns
bestellte ein paar Fleischpflanzerl.
Die waren sagenhaft in dem Schuppen.

Was ist das? fragte Elfriede. Fleischlaberl? –
Und Christoph, der schon ziemlich
betrunken war, erklärte:

Sowas wie Buletten. Bei uns auf der
Reeperbahn heißen sie Fickadellen.

Nach einer Weile lallte er: Trinkst du noch
'ne Halbe oder solln wir gleich ins Bett?

Als Joe Haider sich zu uns gesellte,
erzählte er, wie er in Augsburg beinah
ums Leben kam, weil er sturzbetrunken
in eine Glastür gerannt war. Ein Glassplitter
hatte ihm die Schlagader durchtrennt,
und das Blut schoss zwei Meter weit.
So einen enormen Blutdruck hatte ich,
prahlte er und bezweifelte, dass er das
nochmal überstehen würde!

Da stellte der Wirt auch schon
das Essen auf den Tisch
und flüsterte mir ins Ohr:
Geht bloß nicht so schnell nach Hause.
Es gibt noch eine Überraschung
zum Nachtisch.

Kurz darauf drängte er uns,
die Plätze einzunehmen, denn das,
was wir jetzt erleben würden, sei einmalig –
sogar für Münchner Verhältnisse.
Sowas gebe es nur in New York.
Ja was denn? wollten wir wissen. –

John Giorno, raunte er uns zu, John Giorno.
Die Performance war nirgends angezeigt,
ein spontaner Gig, den das Publikum
dem Chef verdankte, der selbst Musiker war.

John Giorno konnte recht ungehalten werden,
wenn das Publikum unkonzentriert war
und nebenan Gelächter erklang.
Dann sang er, begleitet von David van Tieghem
am Schlagzeug, *Stretching It Wider*.

Some things that work in one decade
Don't work in the next
And I did what everybody dreams of doing
I walked away from it
I walked away from it
I walked away from it
And I never went back.
If there is one thing you can't do
Is to make the world a better place.

Das währte eine Viertelstunde,
dann verschwand er durch die Hintertür,
und zwar, bevor ich ihn nach meinem
Freund Borroughs fragen konnte.

Nach dem Auftritt gerieten sich
Benno und Christoph aus unerfindlichen
Gründen in die Haare, sodass die *Grüne Rose*,

eines meiner Lieblingsbücher, das ich
unzählige Male verschenkt habe, später
in Heidelberg anstatt in Augsburg erschien.

Wo war ich stehengeblieben? – Ach ja,
beim Münchner Bücherbazar.
Als Ian Hamilton Finlays Absage kam
(eine Postkarte von 1977 mit einem Grabstein
und der Aufschrift *Achtung! Minen!*),
spielten wir eben eine Art
Mensch ärgere dich nicht. Das Spiel hatte
ein Mainzer Kleinverleger eingereicht.

Du wirst Mitglied der Sannyasin.
Bhagwan bekommt dein ganzes Geld. –
Geh vier Felder zurück.

Dadurch geriet ich ins Hintertreffen.
und holte erst wieder auf, als
Naomi auf dem Adoptionsfeld landete:

Immer noch kein Kind aus Vietnam bestellt? –
Dann geh zurück auf Start.

Wir fanden übereinstimmend,
dass Spiele wie *Schwarzmarkt* und *Endspiel*
ein Gewinn für den Bücherbazar waren.
Es handelte sich zwar nicht um herkömmliche

Verlagsprodukte, nur galt dasselbe auch
für Flugblätter, Holzschnitte und Tonträger.
Der Buchmarkt wurde Schritt für Schritt
zum umkämpften Medienmarkt.

Wenn's nach mir gegangen wäre,
hätt' ich auf akustische Literatur gesetzt:
Tonträger von Cage, Gysin und Brinkmann.
Sie alle strebten danach, sich vom
gedruckten Wort zu lösen.
Doch war mit Kassetten und Schallplatten
auch Geld zu verdienen? Das war die Frage.

Viele Kleinverleger waren kaum in der Lage,
die Teilnahmegebühr zu entrichten,
sodass ich zeitweilig auf sie verzichtete.
Das sprach sich augenblicklich herum,
sodass manche Rechnung erst nach Monaten
oder gar nicht bezahlt wurde.
Als eine Reihe Verlage mit Boykott drohte,
war das Ende der Fahnenstange erreicht:
Nach zwei Alternativmessen war Schluss.

Dafür gedieh unser KOLIBRI prächtig.
Mein Infodienst Der Neue Fischzug
– Fischbach zu Ehren so genannt –
erschien monatlich und wurde an
2000 Interessenten verteilt, darunter
auch Stammkunden, Bibliotheken

aus Deutschland, Östreich und der Schweiz,
die Bücher über unser Barsortiment bezogen.
KOLIBRI kooperierte mit 400 Kleinverlagen
und Einzelpersonen, die alles taten, um
von uns vertreten und im Fischzug
besprochen und beworben zu werden.

Nur leider mussten wir eine starke Fluktuation
in Kauf nehmen, weil unter den Kunden
nicht selten Eintagsfliegen waren und andere
bei erster Gelegenheit unter das Dach
größerer Verlage schlüpften und damit
zu einer andern Auslieferung wechselten.

Naomi hatte mittlerweile ihre Doktorarbeit
über *Die Alternativpresse in der BRD
seit dem zweiten Weltkrieg* abgeschlossen
und war Teilhaberin geworden.
KOLIBRI mauserte sich zum Versandhändler,
Mail-Order-Kaiser vergleichbar,
der das Moderne Antiquariat abdeckte
und für Restauflagen zuständig war.

Nach der Wende gingen uns
auf einen Schlag
rund 20 Privatpressen verloren.
Bestens ausgebildete Verlagsleute,
Hersteller und Lektoren, drängten
auf den Westmarkt und drückten die Preise.

Drastische Preissteigerungen bei der Post
taten ein Übriges, sodass wir uns entschieden,
die Firma zu verhökern – rechtzeitig,
bevor Jeff Bezos mit Amazon auf den Plan trat.

Naomi emigrierte mit dem Erlös nach Israel,
wo sie heute noch lebt. Mail-Order-Kaiser
zögerte noch mit dem Verkauf, und heute
gehört die Firma zur Ganske Verlagsgruppe,
während ihr Gründer seiner Leidenschaft
für Richard Wagner frönt.

Einmal traf ich ihn in Bayreuth.
Als erstes fragte er nach Naomi.
Das versetzte mir einen Stich ins Herz,
denn mir wurde klar, dass er
wie viele andre auch in sie
vernarrt gewesen war.
Inzwischen war sie verheiratet, und
ihr Haus in der Nähe des Gazastreifens
wurde bei einem Bombenangriff der
Palästinenser dem Erdboden gleichgemacht.
Doch nach Deutschland zurück,
zum Beispiel nach Bayern, wollte sie nicht.

Dankbar erinnre ich mich an früher, an meine Kindheit in Lauffen. Heute staune ich, dass ich ausgerechnet Hispanistik studieren musste. Wo ich Spanisch doch nur als Freifach hatte. Inzwischen sehe ich Luis de Gongóra mit andern Augen. Ähnliches gilt für das neuplatonische Weltmodell, dem nachzujagen ich niemals müde wurde.

Manchmal frage ich mich, was aus mir geworden wäre, wenn ich wieder geheiratet und Kinder gehabt hätte. Ich habe vieles falsch gemacht im Leben. Dann denk ich mir: Hol's der Teufel! Bevor ich an mir selbst verzweifle, stürz ich mich lieber in die Arbeit.

So, jetzt will ich dir noch ein bisschen was über Österreich erzählen, wenn du einverstanden bist.

Mohr im Hemd

Wenigstens einmal jährlich fuhr ich nach Wien,
wo ich meist beim ORF zu tun hatte.
Koschka Hetzer, die zuständige Redakteurin,
lud mich nach Alpbach zu ihrer Hochzeit ein.
Dort, in Östreichs schönstem Dorf,
wie es verlockend heißt, auf halbem Weg
zwischen Innsbruck und Kufstein, findet
seit eh und je das Forum Alpbach statt,
an dem von Bloch bis Schrödinger
(der dort mit seiner Katze begraben liegt) und
von Artmann bis Wotruba alle vertreten waren,
die in Philosophie, Kultur und Politik
Rang und Namen haben. Sogar Indira Gandhi
soll mal dort gewesen sein!

Zu später Stunde im Böglerhof an der Bar –
bei sternenklarer Nacht, so warm, dass man
am liebsten im Freien übernachtet hätte,
um am nächsten Morgen mit den Hühnern
zu erwachen – bekannte Hans Peter Duerr,
dass er Habermas einst als Sesselfurzer
geschmäht habe.

Das empörte den ferner anwesenden Unseld –
von Duerr und Feyerabend konsequent

Onkel Siegfried genannt - derart, dass er sich
schmollend auf sein Zimmer verzog.
Beim Frühstück fehlte er –
vorzeitig abgereist, wie an der Rezeption
zu hören war. Ein Fahrer hatte ihn
in aller Herrgottsfrühe nach Wörgl gebracht.

Bei dem schummrigen Licht in der Bar
war absehbar, wie
der Ethnologe mit seinen grauen Zotteln
im Jahr 2000 wohl aussehn würde.
Dafür fand Feyerabend umso mehr
Gefallen an der Anekdote.
Er klopfte seinem Freund auf die Schulter
und rief: Bravo, mein Junge! Gib's ihm, dem
alten Ayatollah mit der Hasenscharte!

Wann ist eigentlich Almabtrieb, wollte er
dann noch wissen. Das sei ein ganz
besondres Erlebnis – nicht nur für Touristen,
sondern auch für die Kühe.

Auf seinen Erfolg angesprochen,
erklärte der Philosoph: Ich hab meiner Lebtag
derart viel Bullshit verzapft!
Die natürliche Schläue der Menschen,
so hab ich behauptet,
sei Wissenschaftlern überlegen.
Was für eine Eselei! Der reinste Populismus ...

Doch was sollte ich tun? Onkel Siegfried
war mit den Verkaufszahlen zufrieden und
verlangte nach mehr. Deshalb musste ich
nochmal so einen Bullshit verzapfen.
Und da ich zu faul bin,
lass ich meine Studenten ran.
Die stoppeln dann in ihrer Einfalt
ein paar Skripten zamm.
Den Rest erledigen Unselds Sklaven.

Bei dieser Gelegenheit entsann er sich
seines Aufsatzes über aufrechte Hörner
und dröhnende Donnerbalken, den Duerr
anscheinend verschlampt hatte.
Leider gab es keine einzige Kopie davon,
wie er allen Ernstes betonte.

Und Peter Sloterdijk, von Kopf bis Fuß
auf Bhagwan eingestellt, meinte mit Blick
auf Feyerabend: Wenn der Philosoph
nicht mehr über sich selbst lachen kann,
dann hat er seinen Daseinszweck verfehlt.

Ich werde nie vergessen,
wie listig er dabei geblinzelt hat.

Beim Teutates, dieser Bursche,
der aussieht wie ein gallischer Fischhändler,
ist mir nicht geheuer, flüsterte

der verärgerte Professor mir zu,
packte seine Sachen – seinen Hut,
seine Jacke und die Sonnenbrille
von Ray-Ban – und fragte voller Tatendrang:
Wieso waren wir noch nie in der Kegelbahn?
Damit wollte er uns, die wir alle schon
recht müde waren, mitreißen.

Wie sich bald herausstellte,
war er ein versierter Spieler, während ich
keine so gute Figur machte. Ich kann das nicht,
beklagte ich mich. Ich hab das nie gekonnt

und werd es niemals lernen, niemals.
Da ließ sich die Turmuhr vernehmen,
und alle zählten die Schläge leise mit.
Feyerabend nahm sogar die Finger zu Hilfe.
Es war zwölf Uhr, Mitternacht.
Worauf wir unser Gespräch flüsternd fortsetzten.

In Brüssel, als er einen Vortrag halten sollte,
habe er sich unbemerkt ins Publikum gesetzt
und gewartet.
Kurz vor dem offiziellen Beginn sei der Dekan
nervös geworden, und nach bangen Minuten
habe er um Geduld gebeten,
weil der Referent noch unterwegs sei.
Er müsse aber gleich da sein, sagte er.

Das war glatt gelogen, so Feyerabend.
Und ich wollte ihm das nicht durchgehen lassen.
Darum machte ich mich auf meinem Platz
in der dreizehnten Reihe bemerkbar.
Ja, wieso kommen Sie denn nicht nach vorn?
rief der Dekan da verärgert.
Also zwängte ich mich durch die Reihen,
und alle, die dort saßen, mussten aufstehn,
um mich durchzulassen, schloss Feyerabend
hämisch grinsend seine Rede.

Gerade da wir von Österreich sprechen,
fahren wir auch gleich noch nach Wien.

Als der stadtbekannte Komponist
Gerhard Lampersberg schwungvoll
über die Gumpendorfer Straße setzte, trug er
wie gewohnt sein graues Leinenhemd
mit Stehkragen unter der gewalkten Wolljacke.
Ich folgte ihm in seine mit Perserteppichen
und Antiquitäten vollgestopfte Wohnung,
wo seine Frau, die Sopranistin
Maja Weis-Ostborn, und Hans Haider
von der Presse damit beschäftigt waren,
eine Brettljause vorzubereiten. Es gab
Schinkenspeck und Kärntner Hauswürstl,
dazu reichlich Weißwein aus Maria Saal.
Das war im Sommer 84.

Haider war der Einzige,
der das skandalöse Werk gelesen hatte,
und es bereitete ihm sichtlich Freude,
die schärfsten Stellen herauszupicken:

Solange ich ihn kenne, kleidete er sich
wie die steiermärkischen Grafen,
denen er nachzueifern suchte.
Dazu passt der pompöse Siegelring.
Tatsächlich war er bloß ein schlechter
Komponist in der Webernnachfolge,
eine abgrundtief lächerliche Erscheinung.

Skandalös,
die Szene mit dem Mohr im Hemd,
maulte Lampersberg.
Man sollte dieses Machwerk verbieten
und aus dem Verkehr ziehen.
Maja konnte nichts Schlimmes daran finden.
Aber Lamperl, widersprach seine Frau,
damit ist doch die Mehlspeise gemeint.

Ich weiß, was ein Mohr im Hemd ist,
knurrte er ein übers andre Mal.

Je mehr vorgelesen wurde,
desto lauter mussten wir lachen.
Wir lachten darüber, wie der Erzähler,
in dem unschwer der Autor zu erkennen war,

im Bräunerhof alle Zeitungen las
und widerwärtig fand,
weil er nirgends erwähnt wurde;
und wir lachten darüber, wie derselbe Autor
das Burgtheater verhöhnte,
wo doch jeder wusste,
dass sich seine eignen Pläne,
Burg-Direktor zu werden, zerschlagen hatten.

Am meisten mussten wir über
die Promischelte lachen,
wo doch der Thomas selbst
der größte Aristokratenknecht war –
alle Tage mit dieser Freifrau
von Hammerstein-Equord,
geborene von Siller-Gambolo,
im Schlepptau, mit dieser Annemarie.
Als wäre sie eine Erfindung von
Fritz von Herzmanovsky-Orlando.

Der Bernhard sei nichts weiter als
ein verkappter Holländer, sagte Haider.
Aber schreiben, das kann er, nicht wahr?
Das muss man ihm lassen. Leider ist er
der beste Schriftsteller der Gegenwart.
Das erkennt man daran, dass er andre
zur Nachahmung zwinge.

Der Komponist in der Webern-Nachfolge
eilte ins Schlafgemach und kam kurz darauf
mit einem alten Pappkoffer zurück.
Die Ecken und Kanten waren
mit Stahlblech verstärkt.
Er legte ihn feierlich auf den Tisch
und öffnete ihn mit den Worten:
Das hier hat der Thomas hinterlassen:
einen Pullover und ein Paar Schuhe,
eingepackt in eine Ausgabe der Wochenpresse
vom 13. August 1960. Mit dem Leserbrief des
Autors: Da steht's schwarz auf weiß, ich zitiere:

Auf ausdrückliches Ersuchen der Veranstalter,
drei Kurzszenen für eine hausinterne
Veranstaltung auf dem Tonhof ...
kostenlos zur Verfügung gestellt. –
Zitat Ende.

Hat er den Koffer nie vermisst? fragte Haider.
Scheinbar hat er ihn aus den Augen verloren,
mutmaßte Lampersberg, um dann fortzufahren:
Einiges wurde von uns sogar aufgeführt,
unter anderm mit Bibiana Zeller.
Weißt du noch, Maja? *Die Rosen der Einöde,*
die hab ich dazumal selbst vertont.

Das war nicht schön von ihm, so Maja,
dass er sich über uns beklagt hat.

Niemand bekam ein Honorar.
Dafür durfte jeder bei uns wohnen,
solang er wollte. Bei freier Kost und Logis.
Fragt den Turrini! Der kann das bestätigen.

Thomas hat stets das Grüne Zimmer
für sich beansprucht. Nie wollte er
ein andres haben, weder die Rote Kammer
noch den Gelben Salon. Wenn er seinen
Besuch ankündigte, mussten wir für ihn
das Grüne Zimmer herrichten.
War das Grüne Zimmer belegt,
etwa vom Kulterer,
musste der Kulterer seine Koffer packen
und in den Gelben Salon ziehen.
Wie sollten wir ihm erklären, dass er
das Grüne Zimmer räumen und
in den Gelben Salon ziehen musste?
Wie hätte man ihm das erklären können,
ohne ihn zu kränken? Könnt ihr mir das
mal verraten?

Wenn der Thomas nach Kärnten kam,
so Maja weiter, stürmte er ins Grüne Zimmer.
Einst hatte der Kulterer seinen Bademantel
dort vergessen, diesen grässlichen,
abgeschossnen und verwaschnen Fetzen.
Da wäre der Thomas
am liebsten wieder abgereist.

Und Lampersberg fügte hinzu:
Tatsächlich ist der Gelbe Salon
viel schöner als das Grüne Zimmer,
weil der Gelbe Salon ein Eckzimmer ist
und drei Fenster hat –
zwei gen Süden und eines gen Osten.
Dadurch hat der Gelbe Salon von
morgens um neun bis nachmittags um vier,
wenn die Sonne im Apfelbaum verschwindet,
am meisten Licht. Trotzdem bestand er
auf dem Grünen Zimmer.
Es sei für seine Zwecke ideal, versicherte er.
Weil es das beste Arbeitsklima biete.

Lampersberg schob den Koffer beiseite,
und auf den Tisch zeigend tönte er:
Und hier, in diesem Zimmer, auf diesem Tisch,
hab ich ihn vergewaltigt, naturgemäß.
Auf diesem Tisch ...

Aufs Korn genommen

Jetzt muss von Jurik Meschkoff die Rede sein.
Es ist nämlich so: Einmal jährlich lud ich
Freunde und Kollegen, Autoren und
Künstler nach Lichtenbuch ein.
Von Salzburg ist's ein Katzensprung.
Dort in traumhafter Lage, hoch überm Attersee,
wo man jede Kuh beim Namen kennt,
pflegte ich den Sommer zu verbringen.
Von Juli bis Oktober bewohnte ich zwei Flügel
eines billig erworbenen und aufwendig
renovierten Vierkanthofs an sonniger Lage.
Der Mittelteil diente als Büro und Bibliothek,
während beidseits der Einfahrt
die Wohnräume lagen.

Auf der Nordseite, von Bäumen umringt
und den Blicken entzogen, lag die Scheune.
Mit dem Traktor tuckerte ich zum Einkaufen
oder auch bloß zum Vergnügen durchs Dorf.
Im Hof waren nur Fahrräder erlaubt.
Allenfalls Kinderwagen. Jedenfalls
keine Motorfahrzeuge. Und mitten im Hof
ragte eine alte Linde empor,
mit einem schattigen Sitzplatz darunter.

Dort fanden regelmäßig Konzerte und
Lesungen statt.

Einer meiner Gäste war Jurik Meschkoff.
Er war über siebzig und lebte in Wien.
Früher hatte er als Simultanübersetzer
und Fremdenführer in Moskau gearbeitet.
Da er gelegentlich für uns tätig war,
kam er immer wieder nach Lichtenbuch.

Mein Vater war ein großer Krieger
vor dem Herrn, begann er seinen Bericht.
Ein Kämpfer oder *Woinow*, wie wir Russen
sagen. Seinen Unterhalt verdiente er
als technischer Berater der Marmorwerke
Farbige Steine.

Nach der Oktoberrevolution mussten
Akademiker oder Geistige,
wie sie genannt wurden, um ihr Leben bangen,
weil sie als bürgerlich galten.
Deshalb folgte er dem Grundsatz:
Die vornehmste Tugend des Bürgers ist es,
allen zu misstrauen. Dadurch sei er
zum Speichellecker und Zyniker geworden.
Jedes Mittel war ihm recht,
wenn es galt, seine Haut zu retten.
Pikanterweise habe ihn genau diese
Eigenschaft nach Sibirien gebracht.

Und Jurik machte keinen Hehl daraus,
dass sein Vater ein Ekel war,
ein Sadist und Egoist sondergleichen.
Trotzdem bewunderte er seinen Scharfsinn.
Dann erzählte er der Reihe nach:
Etwa wie sein Vater sich den Anschein gab,
als wüsste er, wie das Reich sozialistisch
zu erbauen sei. Deshalb sei er bestrebt
gewesen, den neuen Direktoren die größten
Hirngespinste schmackhaft zu machen,
indem er die Marmorwerke im Ural
in eine Fabrik für Kunsthandwerk
und Nippes umzuwandeln empfahl.

Da der Abbau drohte, versuchte er alles,
um seine Stelle zu behalten.
Dabei konnten Kontakte zu Vorgesetzten
– diesmal zu Genosse Petrowitsch Krapin –
lebensrettend sein.
Der Mensch braucht Verbündete,
gestern wie heute, schrieb er
in seinem gewissenhaft geführten Tagebuch.
Ohne Verbündete sei man so gut wie tot.
Wagemut und Initiative,
das waren die überragenden Eigenschaften,
für die Juriks Vater eintrat,
denn in Handschuhen, versprach er,
ließ sich der Sozialismus nicht errichten.

Nach Viktors Tod blieb sein Tagebuch
– über 1000 Seiten – einfach liegen.
Niemand hatte Zeit und Lust, sich damit
zu befassen. Bis Jurik sich seiner annahm.

Die Tragödie kündigte sich an,
so war in dem Tagebuch zu erfahren,
als die schöne Lilli in Viktors Leben trat.
Dieses ehrgeizige Frauenzimmer stand
irgendwann vor ihm in seinem Büro.
Obwohl Genosse Krapin zunächst gegen sie
eingenommen war, machte sie sich bald
unentbehrlich. Dabei rankten sich allerhand
Geheimnisse um sie – namentlich in
der Person des Kunstmalers Mon,
von dem sie quasi bedroht wurde.

Mit ihren 21 Jahren wusste sie genau,
was sie wollte. Um ihre bürgerliche Herkunft
zu verschleiern, hielt sie es für angezeigt,
einen strammen Kommunisten zu heiraten.
Ihre Wahl fiel auf Krapin, ihren Vorgesetzten,
der ihretwegen seine Ehe opferte,
aus der er zwei erwachsene Kinder hatte.
Zu dumm, dass auch Krapins Sohn
sich Hals über Kopf in sie verliebt hatte.
Wolodja, im reichbestickten Russenhemd,
war verrückt nach ihr – so in sie verschossen,

dass er zu allem bereit war,
wie er unverhohlen zugab.

Nach mancherlei Intrigen und Schikanen
zwischen Viktor, Lilli, Mon, Krapin und
Wolodja nahm das Schicksal seinen Lauf:
Einen Tag nach Lillis Hochzeit fand Viktor
die junge Frau in Krapins Wohnung
in ihrem Blut liegend.
In der Annahme, dass sie noch lebte,
trug er sie aufs Bett.

Als er merkte, dass sie tot war,
geriet er in Panik. Blutbesudelt, wie er war,
zweifelte er nicht im geringsten daran,
dass man ihn im Handumdrehn
verhaften würde, wenn man ihn hier und jetzt
ertappte. Deshalb lehnte er den Leichnam
zurück ans Fensterbrett,
genauso, wie er ihn vorgefunden hatte.
Alsdann wusch er sich sorgfältig die Hände
und wechselte die Kleider.
Zum Schluss verließ er die Wohnung,
um den blutbefleckten Anzug zu vergraben.
Als er nach zwei Stunden zurückkam,
war die Tote längst entdeckt
und die Ermittlungen in vollem Gange.
Als Hauptverdächtigen hatte die Polizei
den eifersüchtigen Wolodja im Visier.

Hingegen glaubte Viktor nicht an dessen Schuld.
Für ihn stand fest, dass Mon der Täter war.
Allenfalls verbarg er sich sogar noch im Garten.
Viktor wusste den Kommissar zu bewegen,
die Lichter zu löschen, und wahrhaftig –
nach wenigen Minuten löste sich seine Gestalt
aus der Dunkelheit und näherte sich
dem Fenster, in dem die Tote zu erspähen war.
Und so ward Mon gefasst.

Nur diesmal ging Viktors Rechnung nicht auf:
Der Kunstmaler hatte nämlich beobachtet,
wie er den Leichnam zum Bett und
zurück ans Fenster geschleppt
und sich dabei mit Blut besudelt hatte.
Ferner wollte er gesehen haben,
wie er sich gewaschen und umgezogen hatte.
Danach, so Mon, habe Viktor das Haus
mit einem Bündel unterm Arm verlassen –
vermutlich mit dem verschmutzten Anzug,
den er unauffällig fortschaffen wollte.
Leider hatte er in der Aufregung
seine Aktentasche am Tatort vergessen.
Die Beweise waren eindeutig.
Nun gab es keinen Ausweg mehr,
und damit war Viktors Schicksal besiegelt.

Was hältst du von dieser Geschichte?
Hättest du den antistalinistischen Schinken,
der enormen Kosten zum Trotz,
vielleicht übersetzen lassen?
Ich hab ein Vermögen dabei riskiert
und alles verloren.
Das Werk ging sang- und klanglos unter.

Jedes Buch bekommt nur einmal eine Chance,
pflegte Fischbach zu sagen.
Wenn's beim ersten Mal nicht klappt,
klappt es nie.
Ganz anders bei E-Books:
Wenn's mit dem einen Titel nicht klappt,
dann funktioniert vermutlich ein andrer.
So ein Cover ist schnell ersetzt,
und kein Mensch merkt, dass es
der zweite oder dritte Anlauf ist.

Kein Thema,
so wehrte Marcel Reich-Ranicki ab,
als ich ihn auf die *Farbigen Steine* hinwies.*
Ich dachte bei mir: Was glaubst du eigentlich,
wer du bist, und was bildest du dir ein?
Wie kommst du dazu zu bestimmen,

---

* Gemeint ist der Roman *Farbige Edelsteine* (Deutsche Erstausgabe 1933) von Aleksandra Ivanovna Woinowa (1887-1965). 1939 erschien der Roman unter dem Titel *Industriewerk Ural* erneut.

was Thema ist und was nicht?
Da trägt der alte Kritikaster seine Einfalt
vor sich her wie die Menora
und brüstet sich vor laufender Kamera,
im Beisein der Medien,
nie von Aleksandra Iwanowna Woinowa
gehört zu haben. Dabei hätte er die in der
Sowjetunion einst vielgespielte Dramatikerin
durchaus kennen können, wenn er nicht nur
die Verlagsprogramme von Suhrkamp, Hanser
und Konsorten im Kopf gehabt hätte.

So ist es wenig überraschend, dass überall
dieselben wertlosen Schwarten rumliegen.
Dabei reden alle vom Kulturgut Buch.
Der Händler streitet um die Mehrwertsteuer,
verteidigt das Remissionsrecht und ordert
doch bloß Schund und Spiegel-Bestseller,
einen nach dem andern.
Kein Wunder, dass die Vampire los sind
und Fans in die Tasten hauen, weil sie
schon immer gern geschrieben hätten,
wie sie treuherzig versichern.

Was ist denn Ihrer Meinung nach ein Thema?
Das hätt' ich gern von ihm gewusst. Klar,
dass er Thomas Mann ins Feld führen musste –
man kannte das ja von ihm.
Der sei viel besser als Hermann Hesse.

Müßig, beide zu vergleichen!
Der eine sei ein Genie, der andre ein Talent.
Marcel Reich-Ranicki zweifelte nicht daran,
wer von beiden überdauern würde.

Der Lektor Volker Michels,
der Zeuge dieses Vorfalls war,
nahm mich beiseite und raunte mir zu:
Ich hab's gewusst, ich hab's
schon immer gewusst.
Als ich ihm anvertraute, dass ich mich
um Hesses Nachlass kümmern wollte,
höhnte er: Langweilig! Missraten! Trivial!
Da könnt ich ja gleich
mit Ganghofer weitermachen.

Dergleichen Köpfe

Fest steht, dass der Kult des Authentischen
ausgedient hat. Dichtung ist Recycling,
sie wird bevölkert von Fabelwesen
wie dem Greif, dem Einhorn und dem Aleph.
Wie ein Kurator entwirft der Autor
eine Dramaturgie aus Versatzstücken,
die nahtlos in sein Konzept passen.
Von Krise kann daher keine Rede sein,
schon gar nicht von einer Krise der Linearität,
wie Flusser sie beklagt.

Ich bin nicht sicher,
ob ich dir von Vilém Flusser berichtet habe.
Ich traf ihn in der Schweiz, in Graubünden.
Als wir nach dem Kongress
mit der Rhätischen Bahn von Davos
nach Landquart fuhren, sagt' er zu mir:
Ich bin ein in Brasilien lebender Jude aus Prag
und fühle mich in vier Sprachen zu Hause.
Diese vier Sprachen haben eines gemeinsam:
Sie dienen der Verständigung.
Deshalb bin ich Publizist geworden.
Um mich verständlich zu machen.
Doch ich werde nie verstehn, warum Sie

und Ihre Vorfahren mich, den Juden,
aus meiner Muttersprache verjagt haben.

Jetzt ist der Moment gekommen,
von Jan Karski zu sprechen.
Kennst du den polnischen Diplomaten? –
Dazu muss ich weiter ausholen:

133

Die Londoner Buchmesse war sozusagen
kein Pflichttermin für mich. Dennoch
traf ich mich gern mit Andrew White
von der Agentur White & Son.
Diesen Sonny-Boy hatte man noch nie
mit Krawatte gesehen. In der Regel trug er
ein Sweat-Shirt von irgendeinem New Yorker
College, das er ungeniert über den Kopf zog,
wenn ihm zu warm wurde.
Meist kam darunter ein nicht immer
ganz lupenreines T-Shirt zum Vorschein.

Der Mann verstand sein Geschäft.
Als Literaturagent alter Schule schätzte er
die Chancen eines Buches
realistisch ein, und ich wusste,
dass ich ihn zu nichts überreden konnte.
Daher prüfte ich genau, welche Titel für den
englischen Markt geeignet wären,
bevor ich ihm ein Lizenzangebot machte.

Als er Karski im Hotel zum Essen abholte,
war ich anmaßend genug,
mich ihnen anzuschließen.

Der Pole, respektvoll und hilfsbereit,
war der geborene Aristokrat. Die Narben,
die er von den Foltern der Gestapo
zurückbehalten hatte, trug er mit Würde –
ebenso wie die brennende Zigarette
in seiner Linken.

Der Urgrund aller Konflikte – so Karski –
bestehe darin, dass der Mensch nicht sage,
was er meine, und nicht tue, was er sage.
Das hatte er von den Chassiden gelernt.
Er hingegen wusste, was er zu tun hatte,
auch wenn das Ergebnis seiner Mission
letztlich enttäuschend war.
Ich hab getan, was ich musste, sagte er,
mein Weg war vorgezeichnet.

Ich kann nicht grad behaupten,
dass es ein lustiger Abend wurde.
Karski sprach über seine Mission
als Kurier im Zweiten Weltkrieg.
Als er die Judenhatz im Warschauer Ghetto
beschrieb, hielten wir den Atem an. Und
als er schilderte, was der zentimeterhohe
Ätzkalk mit den in Güterwaggons

gepferchten Häftlingen anrichtete,
hatten wir mit den Tränen zu kämpfen.

Wenn Wasser auf ungelöschten Kalk trifft,
erklärte er, fängt es an zu brodeln.
Die Hitze verätzt alles, was mit ihr
in Berührung kommt. Die geschundenen Juden
werden in ihren eigenen Tränen,
in ihrem Urin und Angstschweiß,
regelrecht verbrannt,
ihr Fleisch zerfressen.
Nach drei Stunden sind alle tot.
Flugs werden die Waggons geöffnet,
und ein Trupp Gefangener macht sich daran,
die Leichen herauszuzerren und in den
zuvor ausgehobnen Graben zu schleppen.
46 Waggons ... über 6000 Häftlinge. –
So ging das tagelang, wochenlang.

Karski musste erleben, dass sein Bericht
folgenlos blieb und nichts getan wurde,
um den Juden zu helfen. Darauf verstummte er.

Bis Claude Lanzmann ihn bewegen konnte,
erneut die Stimme zu erheben.

Was soll ich noch mehr dazu sagen.
Armer Jan Karski.

De Arte Combinatoria

*Ich möchte nicht
versäumen zu erwähnen, dass
man heut nicht mehr
so schreiben kann wie bisher.*

*Seit es Computerspiele gibt,
hat sich die Erzählung verändert.
Sie ist nicht mehr linear, sondern
ein Labyrinth, in dem man
nicht selten falsch abbiegt und
auf einem Nebengleis und
in der Sackgasse landet.*

*Dort fängt womöglich eine neue Erzählung an,
ein unerhört vielschichtiges Spektakel.*

Neuerdings sind Bücher Hybride,
Kreuzungen aus Wörtern, Bildern und Videos.
Wie Computerspiele funktionieren sie interaktiv.
Der Leser kann den Verlauf der Handlung
bestimmen und seine Wünsche äußern,
wie es weitergehen soll.

Wenn die nicht erfüllt werden, steigt er aus.
Was es um jeden Preis zu verhindern gilt.
Dadurch hat sich das Verhältnis
zwischen Autor und Leser verändert.
Der Leser ist Co-Autor – somit Produzent
und Rezipient in einer Person.

Als Prosument greift er in die Produktion ein,
sodass die Autonomie des Künstlers
oder freien Schriftstellers schwindet.
Der Autor beugt sich der höchsten Instanz:
dem Diktat des Lesers.

Dieses dynamische Prinzip manifestiert sich
als *work in progress* in linguistischen Updates,
die der Leser, unter Berufung auf
die Schwarmintelligenz steuert, die
vermeintlich überlegen ist.
Deshalb kennt das Buch weder Original
noch Urschrift, sondern nur noch Versionen.

Darüber hinaus verfügt der Prosument
über einen 3D-Drucker.
Damit wendet er das interaktive Prinzip,
das sich beim Schreiben von E-Books
bewährt hat, auf die analoge Welt an:
Das heißt, er wortet sie neu, indem er
die Unterschiede verwischt
und Trennungen aufhebt.

Oder wie es bei Samson heißt:

Sie opfern die Ernte dem Feuer,
listig wie 30 Füchse, und formen
die Welt nach ihrem Bilde, wie von den
heiligen Worten versprochen.

Um sein Wort zu verbreiten und andre
daran teilhaben zu lassen, druckt er's aus.
Doch anstatt Tinte wählt er Kunststoff
oder Flüssigharz. So wird die Welt
allmählich *um-möbliert*, wobei
das Authentische verblasst und
einer Kultur des Kombinierens weicht.

Während seit Menschengedenken versucht
wurde, GOTT über die Schultern zu blicken,
um ihm den magischen Schlüssel zu entreißen,
mit dem die Tore des Tempels sich öffnen,
wird der Prosument seinerseits zum Schöpfer,
zum Wortschmied und Redakteur der Welt ...

Das ist das Ende der Geschichte und
zugleich der Beginn eines neuen Zeitalters.

Inhalt

Weiterhin lieferbar

Jens Dittmar
Neulich in Bärwalde. Roman

304 Seiten, inkl. 16 Tafeln mit 34 teils farbigen Abbildungen
Gebunden, mit Schutzumschlag
Edition Königstuhl 2022
ISBN 978-3-907339-27-5

«Neulich in Bärwalde» ist ein Roman im allerbesten Sinn. Das bedeutet mehrerlei. Erstens wird eine Geschichte erzählt, eine richtige Geschichte mit Orten und Personen, beides weit verstreut in Raum und Zeit, nämlich über die ganze Welt und etliche Generationen. (...) Zweitens die Sprache. Da werden mit klaren, eingängigen, schnörkel- und makellosen Sätzen Tatsachen geschaffen und Welten beschrieben, egal ob klein oder groß, eng oder weit. (Peter Natter, *Vorarlberger Nachrichten*)

«Neulich in Bärwalde» basiert auf Fotos, Briefen und Dokumenten, die Dittmars Mutter Martha hinterließ. Leerstellen füllt der studierte Germanist und spätere Verlagsangestellte und Künstler durch intensive Recherche. Gelingt dies nicht, fabuliert er. Und so mischen sich Dokumentarisches und Fiktion in einem großen Zeitpanorama, das an unterschiedlichste Orte deutscher Geschichte führt. (Ulrike Merkel, *Ostthüringer Zeitung*)

Jens Dittmars literarische Werke sind wie eine Achterbahnfahrt, die den Kopf mächtig ins Taumeln bringt und einen mit einem mulmigen, aber erfrischenden Gefühl aussteigen lässt. Mit frischem Kopf und geistigem Mehrwert sozusagen. (...) Das neueste Werk des Liechtensteiner Schriftstellers ist nichts anderes als erkenntnistheoretisches Philosophieren auf hohem Niveau. (Florian Gucher, *Kultur*)

All das ist keine Sekunde langweilig.(Gregor Keuschnig, *Glanz und Elend*)